영업 날로
회쳐먹기

서시영 지음

박영사

시작하는 글

세상은 우리들의 생각과는 전혀 상관없이 묵묵히 자기의 갈 길을 걸어가고 있다. 인위적으로 이 길을 가로막거나 다른 방향으로 유도하는 것은 어리석은 일이다. 세상과 맞설 수는 있으나 세상을 이기려는 행동은 하지 말아야 한다. 물론 매번 세상과 타협하며 살아가는 비굴함이 바닥을 채워서는 안 되는 일이다. 의연하게 미래를 바라보고 리드하며 살아가야 하는 세상은 참으로 힘든 여정이지만 또 한편으로 흥미 있는 일임은 틀림없다.

변화무쌍한 세상살이에서 가장 역동적인 일은 아마도 영업이란 직무일 것이다. 가장 살아남기 어려운 환경 속에서 수 많은 사람들이 오늘도 도전의 날을 세우고 영업현장으로 달려가고 있다. 재미 삼아 영업에 뛰어들고 심심해서 영업으로 삶을 꾸려가는 사람은 아마 없을 것이다.

세상살이 자체가 고난의 흐름임을 부인하는 사람도 없다. 영업으로 또 다른 어려움을 자초하는 일은 정신나간 짓으로 보여질 수 있다. 이런 미친 짓을 하며 세상을 살아가는 사람들을 우리는 어떻게 바라보아야 하는가?

영업 속에서 어려움을 이겨낸 사람들이 세상을 지배하는 시대가 되었다. 인생의 단물, 쓴물을 다 겪어본 사람들이 세상을 리딩하는 일은 자연스러운 일이다. 고통스러운 현실이 미래를 여는 자산으로 축적됨을 경험을 통해 잘 알고 있다.

세상에서 가장 가난한 나라 중의 하나였던 한국이 세계 10대 경제대국으로 발돋움하게 된 근원적인 바탕은 무엇일까? 부존자원으로 내세울 게 없는 나라가 한국이다. 손에 가진 게 없었기에 다른 방법을 찾아야 했던 것은 사실이다.

훌륭한 인재를 많이 배출한 게 강력한 무기였을까?
실제는 그러하지도 못했고, 노벨상 수상자가 한 사람밖에 없는 나라가 인재의 강국으로 보여지는 것은 Nonsense다.

반도체, 자동차 등 기술개발이 한국을 일으켜 세운 것일까?
어느 하나 독창적이고 독보적인 기술개발은 없었으며 벤치마킹을 잘 활용했을 뿐이다.

이것 저것 다 골라내면 이제 눈에 띄는 것이 없는가?
두드러진 것은 없었지만 분명한 족적은 확인할 수 있다.

바로 영업이라는 것이다!

모두가 꺼리고 가능성이 없어 보였기에 외면하는 일에 한국은 올 인했다. 모든 일을 몸으로 때우며 고통을 제어하는 방법을 스스로 일구어 냈다. 누군가는 이 사실을 오픈했어야 했으나 그렇지 못하고 지금까지 흘러왔다. 지금이라도 끄집어 내어 내용을 공유하는 일은 아무리 강조해도 지나침이 없다.

경제 경영에만 영업이 있는 게 아니다. 이제 이 영업 분야에서 세계 최고의 선진국은 한국이다. 경제대국의 최고봉에 한국이 등극될 날이 멀지 않았다. 이제 세상은 경제와 영업에 관해서는 한국에게 배워야 한다.

세상을 머리로 지배하던 시대는 지나 갔다. 온몸으로 부딪치고 받아들이며 이끌어 가는 시대가 된 것이다. 이 바닥에서 50년 반세기를 몸으로 고통을 이겨낸 한국을 이길 수는 없다. 오랜 세월 유사한 카테고리로 세상을 지배했던 민족은 유태인과 화교였다. 이제 새로운 Hegemony를 한국이 부여잡고 항해를 시작했다.

모르면 경험자에게 물어보는 것이 가장 빠른 해결 방법이다. 진흙탕 수렁에서 살아나온 자의 가슴 저린 이야기를 들어야 한다. 이제 살아남기 위해 쪽팔림은 뒤로하고 한국과 손을 잡아야 한다!

한국에게 물어보아라!
이 흐름을 주도하는 한국 교수에게 물어보아라!
그게 세상을 살아가는 새로운 지혜가 된 것을 어쩌란 말인가?

한 가지 가슴에 새겨야 할 것이 있다. 얄팍한 상술과 맹목적 우월감은 내려 놓아야 한다. 이제 모두가 새롭게 전개되는 세상에 살아남기 위해 영업을 재정비해야 한다. 코리아에게 배울 수밖에 없는 현실을 인정하자. 그게 가장 현명한 방법임을 스스로 곧 알게 될 것이다!

어려운 여건 속에서 불평없이 지켜보며 옆자리를 지켜온 와이프 이난희, 쓴소리를 마다하지 않은 아들 서욱, 어머니 이복자 여사, 부영, 정인, 수영 동생들, 한국취업컨설턴트협회 김운형 회장, 김진혁 박사, 책 출간을 위해 노고를 아끼지 않은 정연환·탁종민 과장 등 박영사 임직원 모두에게 진정한 감사의 마음을 전한다!

한 권의 책이지만 새로운 세상을 여는 투박한 열쇠로 다가가기를 기원한다!

Preface: Eat sales business Raw

The world is silently following its own path, regardless of what we think. It is foolish to artificially interfere with this path or steer it in a different direction. We can confront the world, but we shouldn't try to beat it. Of course, we shouldn't fill our hearts with the kind of cowardice that makes us compromise with the world at every turn. Living in a world where you have to look to the future and lead with determination is a difficult journey, but it is also an exciting one.

Sales is perhaps the most dynamic profession in this ever-changing world. In one of the most challenging environments to survive in, many people are rising to the challenge every day. No one gets into sales for the fun of it, and no one makes a living out of it because they're bored.

No one denies that life itself is full of hardships. Adding another layer of hardship to the mix may seem insane. How should we view people who do this crazy thing?

The world is now ruled by people who have overcome difficulties in sales. It is only natural that those who have experienced the sweet and bitter waters of life are leading the world. We know from experience that painful realities accumulate into assets that unlock the future.

What are the fundamental foundations of Korea's rise from one of the poorest countries in the world to one of the world's top 10 economies? Korea is a country that has nothing to show for its resources. It is true that we had to find other ways because we didn't have what we had.

Has producing a lot of great talent been a powerful weapon?

In practice, this was not the case and it is nonsense that a country with only one Nobel Prize winner is seen as a powerhouse of talent.

Did semiconductor, automobile, and other technology developments make Korea stand out?

None of these technologies were original and unique, just good utilization of benchmarking.

Nothing stood out?
Nothing stood out, but we can see clear traces.

It's called sales!
Korea went all−in on something that everyone else was reluctant to do and seemed to have no chance. She did everything physically and developed her own ways to control the pain. Someone should have opened up about this, but they didn't, and it's been a long time coming. I can't emphasize enough how important it is to come out and share it now.

Sales isn't just for economic management. Now, the world's leading developed country in this field is Korea. The day is not far off when Korea will be at the top of the list of economic powers. The world should learn from Korea when it comes to economics and sales.

Gone are the days of ruling the world with your head. It's time to lead with your whole body. You can't beat Korea, which has suffered through five and a half centuries on the ground. For many years, the world was dominated by similar categories: Jews and overseas Chinese. Now the new hegemony is Korea's, and it has set sail.

If you don't know, the quickest way to find out is to ask someone who has. You have to listen to the heart−wrenching stories of those who have come out of the muddy mire. It's time to put aside your embarrassment and join hands with her to survive!

Ask Korea!
Ask Professor Korea, who is leading this trend!
What can we do with the fact that it has become a new wisdom for living in the world?

There is one thing you should take to heart. We need to put aside our shallow descriptions and blind superiority. We all need to retool our sales to survive in this new world. Let's accept the reality that we have no choice but to learn from Korea. You'll soon realize that it's the smartest thing you can do.

차 례

제3장 Sales(영업) 현장을 지배하는 전략 & 전술
(New Normal New Sales Strategy & Tactics)

6

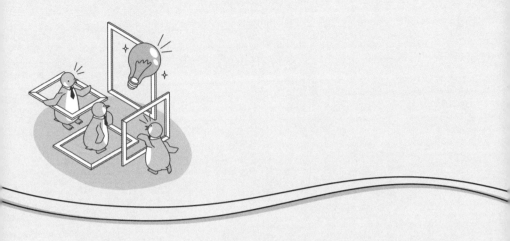

Sales(영업) 뼈대 구축하기

(나는 지금 세상과 어떻게 마주하고 있는가?)

세상살이 지혜

시시각각 변화해 가는 세상에서 살아남기 위해 우리는 어떤 마음의 준비를 하고 그 힘을 바탕으로 얼마만큼의 포지션을 실행에 옮기고 있는가? 그저 시간이 허락하는 부분만큼 아무 생각 없이 주어진 여건을 한탄하며 하루하루를 보내고 있는 것은 아닌가!

세상살이는 우리가 알고 있는 것보다 훨씬 더 도전할 만한 가치가 있음을 잘 알고 있음에도 불구하고 현실에 안주하려는 경향이 강한 것은 또 어떤 이유일까? 개개인의 환경에 따라 나는 열심히 살고 있다는 자조적인 핑계로 이를 정당화하고 있는 모습이 사방에 적나라하게 펼쳐지고 있음은 안타까운 일이다.

'어떤 방식으로 세상을 살아가는 것이 올바르다'라는 정답은 없다. 그래도 어느 구석에서 유사한 정답을 끄집어내어 나는 정주행하고 있다는 것을 알리려 한다. 다른 이들과 달리 나는 아무 문제없이 세상을 살아가고 있음을 스스로 확인하고 싶어 한다.

타인에게 객관적으로 증명해 보일 수 있는 것은 정답이라고 자기최면에 빠져 있다. 학교, 기업, 사회 전체가 정답만을 향해 폭주하는 것은 이제 철제힐 때가 뇌였나.

세상살이에 정답은 없다. 살아가며 목표한 근사치에 수렴해 가는 것이 우리네 인생사이다.

한 시대를 풍미했던 대단한 자산가가 있었다. 기업체, 부동산, 현금자산 등 당대 열 손가락 안에 드는 대단한 재력의 소유자였다. 자손들도 풍요로운 환경에서 모자람이 없는 생활을 하고 있었다. 한 가지 미약한 부분이 있었지만 본인과 자식 주변에서는 누구도 이를 인정하고 받아들이지 않았다.

어려움은 예고 없이 다가올 수 있고 이를 타개할 수 있는 세상살이 지혜를 놓치고 있었다. 시대의 격랑에 휘말려 주축기업이 몰락하게 되자 연쇄적으로 자산이 허물어지게 되었다. 2대가 마무리되기도 전에 이 가문은 흔적도 없이 우리 주변에서 사라졌다.

선친을 이어받아 대물림 경영을 하던 2세는 이제 밥 세 끼 찾아 먹어야 하는 종심의 칠순 노인이 되었다. "뚜렷하지는 않지만 무엇인가 잘못 살아온 것이 눈앞에 잡히고 있다"고 했다.

세상살이는 항상 최상을 목표로 움직여 가지만 최하의 수준도 받아들일 준비가 되어 있어야 한다. 가장 기본이 되는 이 지혜를 놓치자 최고의 자산가는 한 순간 나락으로 떨어지는 파멸을 받아 들게 된 것이다.

경제활동을 하며 살아가기 위해 직업을 가지게 되는데 이때도 이 생활의 지혜는 여지없이 우리에게 경종을 울린다. 남들이 우러러보는 전문직이며 연봉이 높은 직업을 갖고자 모두가 경주를 하고 있다. 노력한 만큼 대가를 얻는 것은 필요하고 그런 도전이 인생의 풍요로운 밑거름이 되는 것은 부인할 수 없다. 반면에 전혀 다른 흐름도 존재함을 잊어서는 안 된다.

연유야 어찌 되었든 Level-up이 아닌 level-down으로 움직여 가는 사람들도 상당히 많음을 우리는 알고 있다. 알고는 있지만 그런 상황을 모른 체하거나 외면하는 경우가 대부분이다. 왠지 모르게 그런 부분에 엮이는 것이 별로 반가운 일이 아니라고 생각하기 때문이다. 그래도 그런 부분을 부인하기보다는 끌어안고 인정해야 하는 것이 순리이다.

갑작스럽게 여건이 어려워져서 일상생활이 힘들어지면 자본 없이 돈을 벌 수 있는 방법을 생각하게 된다. 이때 가장 손쉽게 다가오는 일이 Sales(영업)이라는 직무이다. 물론 이런 경우가 아니라 처음부터 영업이라는 일에 소신을 갖고 뛰어든 사람들도 있겠지만 자기의 본래 의지와는 동떨어지게 타의에 의해 영업이라는 일로 살아가는 사람들이 있음을 인지하고 받아들여야 한다. 영업이라는 굴레 속에도 생활의 지혜는 오롯이 자리잡고 있어 이를 어떤 방향으로 이끌어 가느냐에 따라 결과물의 색깔이 달라지게 된다.

생활의 지혜라는 것이 뭐 별거는 아니다. 우리네 인생사가 다 그러하듯 좋은 날보다는 암울한 날이, 행복한 일보다는 힘들고 어려운 일이 더 많은 게 우리네 현실이다.

암울하고 힘든 상황을 받아들이고 부딪칠 줄 아는 지혜가 바로 생활의 지혜이다.

대부분은 우회해서 피해가고 아주 외면해 버리는 경우가 다반사다. 당장은 회피하는 일이 쉽고 그렇게 하는 일이 나에게 도움이 될 수도 있다. 조금 긴 안목으로 보면 어려움은 과감하게 부딪치는 일이 더 효과적임을 알아야 한다.

일자리가 없고 찾기도 힘든 세상이라고 하소연하는 사람이 많다. 좋은 학교 대단한 spec을 쌓아도 구직을 하는 것이 만만치 않다고들 한다. 생활의 지혜를 접목하면 새로운 기회를 갖게 된다.

구인을 하는 기업에서 최종 면접 때 면접자에게 마지막 기회를 주게 된다. "마지막으로 하고 싶은 이야기를 해 보시기 바랍니다." 100% 모두 다 회사를 위해서 분골쇄신 할 것을 약속이나 한 듯 쏟아낸다. 면접관들은 하도 많이 듣고 있는 내용이라 관심도 없다. 마지막 한 사람이 면접자로 남아 있었다. 빨리 마무리하고 Break-time을 가지기 위해 면접자를 재촉했다.

"자 마지막 분 이야기하시기 바랍니다!"

"네! 앞에서 좋은 말씀 다 하셔서 저는 제 이야기를 하겠습니다!"

"이 회사에서 가장 힘들고 더러운 일이 무엇입니까?"

"아무도 안 하려는 일 있으면 저를 시키시기 바랍니다!"

"또 아무도 안 가려는 지방근무가 있으면 제가 내려 가겠습니다!"

갑자기 면접장 분위기가 숙연해졌다. 피곤해 보였던 면접관들의 눈이 커지며 술렁이기 시작했다. 면접 때 한 번도 들어 본적이 없는, 아니 앞으로도 들어 볼 수 없는 이야기가 아닌가!

이 친구 뭐지?

그렇지 않아도 섬에 한 사람 꼭 보내야 하는데 가능할까?

"저 혹시 섬이라도 갈 수 있겠습니까?"

"네 보내주시면 어디라도 가겠습니다! 무인도라도 갈 준비가 되어 있습니다!"

"평생은 못 있겠지만 2년 정도는 꼭 참고 일할 자신 있습니다!"

"정말 큰 고민이었는데, 여기서 해결되는 구만!"

"저 친구 볼 것 없이 그냥 뽑읍시다!"

처음부터 힘든 일, 더러운 일을 하는 사람이 정해져 있는가? 물어보는 사람이 멍청한 놈이 되고 아무도 대답을 안 할 것이다. 이는 세상이 모두 다 아는 사실이기 때문이다.

"아버지 뭐 하시노?"

옛날에는 이 말을 듣고 기분이 up 되거나 down 되는 경우가 있었다. 이제 신분과 직책에 얽매여 직업을 찾는 시대가 아님을 우리는 안다. 어떤 일이 중요한 게 아니라 어떻게 일하며 살아갈 것인가가 더 중요한 시대이다.

왜 일할 곳이 없다고 개 푸념을 하는지 다시 되돌아보아야 한다. 잘못 가르치고 잘못 알려줘서 생각이 오염됐기 때문이다. 이론적인 진로지도는 완벽하게 학습되었지만 정작 도전할 방향성은 오리무중 상태이다. 가야 할 곳에 대한 정확한 분석도 없고 어디로 가야 할지 좌표를 잃었다. 세상을 살아가는 방법론을 포장된 외골수로만 풀어왔다. 그 외골수는 당연히 세상이 만들어 낸 모두가 껴안고 있는 정답이다. 그 길을 벗어나면 다른 길이 전혀 없을 것이라 스스로 못을 박았다.

이제 그 못을 스스로 빼고 틀에서 나와야 한다.

틀에서 나오는 순간 새로운 세상이 보이고 세상살이 지혜를 갖게 될 것이다.

이 세상살이 지혜가 당신의 남은 인생을 지켜줄 등대가 될 것이다!

👆 1분 리뷰

: 세상을 요리하는 나만의 방법론을 열거해 보자!

Sales(영업)에 대한 새로운 持論(생존학의 태동)

사회 경제구조가 어느 틈에 우리가 알고 있던 상식을 벗어나 전혀 다른 세상을 만들어 가고 있었음에도 우리는 무관심으로 그 흐름을 놓치고 있다. 기업의 대내외 활동이라고 할 수 있는 경영(Management)도 새로운 조류가 형성되어 가고 있으나 지난날의 강한 잔상에 사로잡혀 방향성을 잃어버린 지가 오래되었다. 지금의 기업활동을 그저 관습적으로 취급해 온 경영으로만 받아들이고 그 안에서 우리가 알고 있는 세분화된 내용으로 분류하고 대응하는 것은 이제 과감하게 청산해야 한다.

이제 영업을 경영이라는 Tool에서 벗겨내야 할 시기가 도래되었다. 영업을 Management(경영)로 보는 시각은 이제 거두어야만 한다. 경영학이란 범주에 넣어서 오랜 세월 함께 했던 재무, 회계, 조직 인사, 총무, 생산, 마케팅, 영업, 서비스, 정보시스템, 국제관계, 구매, 품질, 기술관리, 기타 분야 등 경영의 카테고리는 융합 응용과학이라는 거대한 울타리였다. 아쉽지만 이 울타리에서 영업과 마케팅을 어떻게 분리할 것인지 논의가 필요하게 되었다. 마케팅은 영업의 문제 이후에 별도로 생각해 볼 사안이다.

영업에 대한 새로운 지론을 조심스럽게 진단해 보고자 한다. 영업이 경영에서 분리되어 새로운 영역을 구축해야 하는 당위성에 대해 알아보자.

영업은 Management하는 work가 아니다.
영업은 Survival 그 자체이다.

첫째, 영업과 판매의 교집합 정리.

영업하면 제일 먼저 떠오른 것이 판매이다. 물건을 파는 행위로
사람이 사는 곳이면 어디에서라도 흔히 접하게 되는 광경이다. 오랜
세월 이런 광경에 갇혀 있었기에 영업과 판매를 달리 구분 지울 이유
가 없었다. 영업사원이라고 불리우는 사람들은 100% 무언가를 팔아야
하는 사람들이었다. 영업이 판매와 동질의 뜻으로 오인되는 가장 큰
단초였을 것이다. 영업은 판매를 품을 수는 있지만 판매가 영업을 지
배하는 일은 없을 것이다.

영업은 이제 살아남기 위해 시도되는 모든 행위를 일컫는다고 보
아야 한다. 경제 경영분야는 물론이고 정치, 사회, 문화, 종교, 전쟁 등
일상의 모든 것이 포함된다. 판매는 아주 작은 Sector로 영업의 울타
리 안쪽 한 편에 놓일 수는 있다.

팔십 평생 엿장수로 살아온 윤팔도 선생은 전국장터를 떠돌며 엿
을 팔았다. 엿 판매에 거부 반응을 보였던 아들이 물려받고 새로운 엿
장수의 면모를 보였다. 백화점, 호텔, 기업, 유통업체 등 새로운 Network
를 구축하며 신선한 영업의 틀을 다졌다. 같은 엿을 파는 부자였지만
아버지는 판매자요 아들은 영업인 것이다. 시장통 엿 매출 중에 2천만
원은 판매이고, 기업형 엿 200억 매출은 영업매출로 보는 게 맞다. 단

지 매출 규모만 커진다고 판매가 영업으로 둔갑하는 것은 아니다.

판매를 포용하며 살아남기 위해 어느 분야 어느 곳에서라도 삶의 투쟁 의지를 보이는 게 영업이다. 판매도 삶의 처절함이 묻어나야 하지만 영업의 절박감을 따라갈 수는 없다. 영업과 판매는 공통집합을 만들 수는 있으나 살아남기 위한 절박감으로 명확하게 구분지어야 한다. 영업의 시대는 이제 시작이요 만개까지는 아직 가야 할 길이 많이 남아 있다.

둘째, 영업 인사정책의 변화.

언제부터라고 분명한 선을 긋기는 어렵겠지만 구인을 포함하는 인사정책에서 영업은 따로 움직여 왔다. 영업직원은 별도로 채용공고를 내는 것이 이제는 관례처럼 되었다. 구직자들도 이런 구인공고를 자연스럽게 받아들이게 되었다. 불쾌감이나 어색함은 이미 지나가 버린 옛이야기가 되었다. 공개채용이라 하더라도 영업직은 전혀 다른 시스템과 루트를 적용하는 대기업이 늘어나는 추세이다. 자연스럽게 중견기업들도 이에 동참하는 모습을 보이고 있다. 영업조직은 기존 조직과는 별도로 승진 연한, 직급단계, 인센티브 Rule, 순환보직 적용 등 새로운 구도로 움직여 가고 있다.

회사 전체로 볼 때 호봉 적용 등 일부 부족함이 엿보이는 상황도 전개되고 있다. 자칫 영업조직이 급이 떨어지는 구성원 조직으로 오해될 수도 있으나 완벽하게 체계가 정리되지 않아서라고 보여진다. 대표이사가 2-3인으로 늘어나는 과도기로 영업부문 포함 다양한 파트에서 대표직을 맡는 현장 전문가 출신 영업인이 급격하게 늘어나는 과정에 있다. 현장 전문가인 영업인이 세상을 리딩하기 시작한 것이다.

셋째, 영업조직 규모의 방대함.

영업조직은 여타 조직과 비교해 규모면에서 상당한 차이를 나타낸다. 대기업, 중견 소기업을 떠나 영업자체 조직만으로도 하나의 기업을 이룰 정도이다. 작은 영업과 정도로 출발하여 영업부, 영업팀, 영업본부, 영업사업부로 시간이 지나갈수록 조직의 규모가 커지고 있다.

많은 인력을 뽑다 보니까 그 인재들을 수용하기 위해서 단순히 조직 네트워크를 늘리고 일자리를 부여하다 보니 조직이 상하로 넓혀진 것도 사실이다. 그런 와중에 영업의 전문성을 확보하고 연구의 깊이를 더하기 위해 전례 없는 하부조직을 키우기 위한 인위적인 노력도 배가 되었다.

영업조직이 방대해지는 것은 산업체 전반에 걸쳐 역사적인 한 획으로 보아야 한다. 경쟁업체의 영업조직이 비대해 짐에 따라 위기의식으로 자체 영업조직도 팽창으로 이끌어 가는 것은 무모한 결정이다. 모방은 또 다른 파국을 불러올 뿐이다. 생존의 방향성을 수용하는 긍정적인 자세가 필요하다.

인해전술로 영업을 하던 시대는 이미 죽었다. 체계적으로 잘 정리된 영업조직이 기업의 사활을 책임지는 시대에 살고 있다. 영업조직이 소모품이라는 시대착오의 개념에서 빠져나오는 조직의 순서대로 Long-run의 길을 걷게 될 것이다.

넷째, 기업흐름의 명확한 이분화.

오래전부터 존재했던 기업내부의 반목이 있었다. 영업조직과 비영업조직 간의 이해 충돌로 설명할 수 있다. 다윗과 골리앗의 싸움으로 비유된다. 먹이사슬의 최하위 구조였던 영업조직은 항상 샌드백이었다. 잘못하면 잘못한 대로, 잘하면 상대방에 대한 이해 부족으로 분풀이 대상이었다. 애초에 싸움이 되지 않는 게임의 연속이었다. 두 조직이 이원화의 길을 걷게 되었다. 서로의 길을 갈 수밖에 없는 환경이 조성되었기 때문이다. 하나의 길은 바로 Management 길이요 또 하나는 Survival 길이다.

자연스러운 현대경영의 흐름으로 보면 정리가 빠를 것이다. 기업과 그 구성원이 살기 위한 몸부림을 영업조직이 대신하고 있기 때문이다. 한쪽으로 치우쳤던 시소게임이 이제 균형을 찾았다. 상생의 몸부림을 치는 영업조직을 인정하는 흐름이 형성되었다. 어렴풋이 변방조직이라고 여겼던 질시와 자괴는 무너졌다. 조직이 살아남기 위해 필요한 핵심조직이 어느 부문인지는 이제 명확해졌다. 이 흐름은 두 조직의 존재 명분을 더욱 명확하게 이끌어 줄 것이다.

다섯째, 경제·사회를 이끄는 원동력.

우리가 사는 세상을 이끄는 힘이 무엇인가?

쉽게 정리정돈해서 이야기하기가 상당히 어렵다.

누구에 의해서 이끌려 가고 있는지 무엇이 중심이 되어 버티고 있는지 파악이 쉽지 않다.

최근 들어서 국가의 총수인 대통령, 기업을 이끄는 기업대표 중에서도 많은 이들이 현장을 누비며 영업을 한다고 목소리를 높이고 있다. 책상머리에 가만히 앉아서는 자국 국민을, 자사 직원들을 먹여 살리기 어렵다고 판단을 한 것이다. 본인 자신이 국민을 대표하는 영업사원 1호라고 외치는 대통령이 등장한 것은 아주 정상적인 시대의 흐름이다.

영업이 사회를 흔드는 굉음을 내고 있다. 영업이 사회전체에 새로운 과제를 던지고 있다. 영업이 단순히 물건을 파는 소박한 일이 아님을 알리고 있다. 영업이 관리가 중심이 되어 있는 경영에서 왜 나와야 하는지 목소리를 높이고 있다.

새로운 길은 내는 일은 험난한 여정이다. 평범한 일반 도로를 여는 일도 어려운 일이지만 Trend를 여는 일은 수백 배 고통스러운 일이다. 선각자의 길은 항상 순교자 같은 길로 각인된다. 영업이 이제 이 순교자의 길을 가고자 나선 것이다. 세계사회 전체에 새로운 동력을 마련해 주는 중심에 선 것이다.

여섯째, 영업이 미래를 향해 생존학을 열어 젖히다.

미래를 예측하는 것만큼 어리석은 일은 없을 것으로 본다. 수많은 사람 중에서 한 사람은 맞게 되어 있는 것이 예측의 확률이다. 예측을 맞춘 사람은 입에 거품을 물고 사와자잔에 빠질 것이고 틀린 사람은 합당한 이유를 찾기 위해 또 동분서주할 것이다. 맞을 수도 틀릴 수도 있는 것이 예측이지만 가보지 않은 길을 잔머리만 굴려서 나에게 유리한 국면을 유도하는 것은 참으로 파렴치한 일이다. 그래서 인지는 모르지만 근래는 미래를 예측하는 일이 급격하게 줄어든 느낌이다.

영업에 관한 예측 이야기는 더더욱 찾아보기 어렵다. 공연히 잘못 예측해서 분란을 일으킬 경우 모든 책임을 져야 하는 경우가 발생하기 때문이다. 경영과 분리되어 새로운 역사를 만들어 가야 하는 영업이기에 미래를 예측하기가 더 난감하다. 대부분의 사람들이 아직까지는 영업이 경영에서 분리되어야 한다는 생각을 꿈에도 그리지 않고 있기에 영업의 미래를 논제로 내놓는 것이 시기상조일 수도 있다.

세상은 어느 한 순간에 변해버리는 속성을 가지고 있다. 모두가 넋을 놓고 무방비 상태에 빠져 있을 때 소리 없이 다가와 우리 곁에 자리를 잡는다. 이미 그렇게 영업의 새로운 변혁이 자리를 잡고 힘찬 비상의 날개 짓을 시작했다. 영업이 새로운 미래를 연 것이다.

영업이 경영학에서 나와 "생존학"을 새로 연 것이다. 영업은 이제 더 이상 기업활동에서만 일어나는 일이 아니다. 인간이 살아가는 동안에 살아남아야 하는 명제를 실천하는 모든 행동을 아우른다. 개인적인 활동, 기업활동, 국가적인 활동 등 생존과 연계되는 제반 활동 모두가 "생존학"의 범주에 들어간다고 보면 된다.

안 가본 길을 간다는 것은 흥분되는 일이다!

또 한편으로 외로운 길이 될 수밖에 없다!

누군가 그 길을 가야 한다면 지금 우리가 나서는 이 순간이 바로 그 시
간이다!

"생존학"은 이제 출발의 발걸음을 내딛었다.

묵묵히 전진하기를 기대한다.

감히 성경의 한 구절을 인용해 본다!

"시작은 미약하였으나 끝은 창대하리라"

☞ 1분 리뷰

: 나는 왜 모난 돌이 되기를 두려워하는가? 그 이유를 정리해 보자!

영원히 변하지 않는 Sales(영업)의 기본

Sales(영업)이란 물건을 파는 것이 아닌 자기 자신을 파는 것이다. 자기 자신을 판매하는 것을 넘어 가슴 속의 믿음을 파는 것이다. 내 믿음을 팔고 상대방의 믿음을 사는 Win–Win하는 전략으로 다가가야지 만이 영업이 성공의 길로 들어서게 된다.

깊은 속 내용이야 어찌 되었든 글귀만 들여다보면 마음이 들뜨는 감성으로 오금이 저려온다. 영업이 이런 심오한 정서로 우리에게 다가오고 있는 게 맞는지 계산이 복잡해진다. 영업이란 존재를 조금은 미화하려는 의도가 엿보이는 대목이다. 세간에 그리 좋은 이미지를 구축하지 못하고 있는 것을 감싸주려는 모습의 일부분이다. 실제 영업을 몸소 실행했던 사람들보다는 이론을 전개하는 사람들의 또 다른 살아남기 위한 방편으로 인위적으로 만들어낸 내용으로 보여지기도 한다. 영업은 미화할 이유도 없거니와 실제 미화해서도 안 되는 살아 숨 쉬는 객체이다.

영업은 글자 그대로 일부 물건을 파는 것이다. 영업인은 일부 상품을 파는 사람이 맞다. 단서 조항을 하나 붙인다면 단순하게 돈 받고 물건을 건네주는 전달자의 모습은 아니어야 한다는 것이다. 앞 난원에서 이미 이야기했던 단순판매와는 명확하게 구분지어야 한다.

영업은 단순판매를 지나 생존하기 위해 벌이는 처절한 나와의 싸움이다.

단순하게 물건만 파는 일은 Selling이고 그런 일을 하는 사람은 Seller일 수밖에 없다. 영업인은 Seller가 되어서는 안 된다. 영업인은 판매자 본인과 구매자 당사자 모두가 함께하며 승자가 될 수 있도록 중심을 잡고 세상을 가이드하는 사람이다.

"아니 누가 그런 영업을 한단 말입니까?"

"정신나간 소리하고 자빠졌네! 고상한 인물 나셨네 나셨어요!"

"아주 시간이 남아도는 모양인데, 선생이나 그렇게 하쇼!"

"이보게들, 그렇게 영업해서 1년 지나면 신입 영업직원은 다 도망가고 또 다시 뽑고, 못해먹겠다고 아우성 아닌가!"

"판매의 왕이 되면 다음에는 어떻게 되는지 한 번 말들 해 보구려!"

"적어도 매일 힘들다는 이야기를 입에 달고 살면 영업하지 말아야지요!"

영업마케팅 과정을 스스로 이수한 한 젊은 친구의 이야기다. 무역학을 전공하고 있던 여학생으로 졸업하면 작은 무역회사에 취업해서 일하고자 하는 소박한 꿈을 지니고 있었다. 우연한 기회에 영업마케팅 과정을 듣게 되었고 이렇게 세상을 살아가는 방법도 있음을 알게 되었다. 한번 도전해 봄직한 일이 아닐까 생각이 들어 이 분야로 사회진출을 도모했다. 가족과 주변에서는 격렬한 반대를 하며 말렸다. 반대를 물리치고 소신껏 인테리어 가구업계 영업에 뛰어들게 되었다. 연수를 받으며 이렇게 발버둥을 쳐야 먹고 살 수 있는 길이 열리는 것을 몸소 체험하게 됐다. 이런 치열한 경쟁사회의 존재를 모르고 있었다는 본인의 존재가 부끄럽게 느껴졌다.

영업조직은 오늘을 살기 위한 처절한 판매방식을 가르치고 구성원들은 그 흐름에서 이탈되지 않기 위해 청춘을 걸고 도전에 나섰다. 영업의 ABC도 제대로 소화하지 못했던 친구가 점점 영업의 괴물이 되어가고 있었다. 판매실적이 폭발적으로 보여지자 주변의 시선은 뜨겁게 달아올랐다. 판매 인센티브로 많은 돈을 벌게 되고, 그에 따른 상도 거의 독식하는 수준까지 진행되었다. 해외연수도 다녀오며 어느덧 판매 관련해서는 범접하기 힘든 최고의 위치에 도달했다.

어느 순간 공허함이 찾아왔다. 판매로 승부를 걸고 나름 성공한 사람들의 공통된 가슴앓이 이다. 이게 다가 아닌데, 무엇이 문제인지 되돌아보기 시작했다. 인생, 영업, 판매 모두가 "생존", 살아남는 것에 초점을 맞추는 데에는 이견이 있을 수 없었다.

무슨 수를 써서라도 살아남아야 했다. 그 수단이 판매이었을 뿐이다. 그 다음 수순으로 나를 밀어 올려야 하는 공간을 찾는 데에는 꽤 시간이 걸렸다. 그 공간이 "상생"이라는 것을 스스로 찾아냈고 새로운 도전의 목표도 생겼다.

"그래 영업은 내가 살기 위해 죽기 살기로 끈매를 히는 게 맞다."
"나만 살면 끝나는 게 아님도 영업이 맞다."
"나와 내 주변 그리고 거래처, 소비자 모두가 살아 남아야 한다."

어렴풋이 살아있는 영업의 모습이 눈앞에 그려지기 시작했다.

"영업은 생존이며 상생의 모습으로 항상 내 뒤편에 깊은 그림자로 자리
를 잡아야 한다."

영업으로 잔뼈가 굵어져서 일말의 성공을 거둔 영업인이라면 영
업에 대한 신념을 분명히 제시해야 할 때가 되었다. 영업판매 실적,
인센티브로 내 배만 가득 채우는 조직과 영업인은 이제 전향적으로
미래를 설계하기가 녹록하지 않을 것이다. 오랜 기간 인센티브 잔치로
세상의 부러움을 샀던 기업들이 서서히 퇴조하고 있는 것은 사필귀정
으로 받아들여야 한다.

매출을 위해 같이 목숨을 걸었던 협력업체들에게 한 번만이라도
인센티브를 전부 양보하는 기업이 진정한 영업의 탑을 쌓는 것이다.

"오늘 만나게 되는 소비자를 위해 옷 색깔에 신경 쓰는 영업인"
"어떤 이야기를 꺼내서 대화의 물꼬를 터야 할지 고민하는 영업인"
"지난번 양자 모두가 모르고 지나갔던 잘못된 점에 대한 반성의 제시"
"나를 기억하게 만들기 위해 오늘도 진주 귀걸이만을 고집하는 뚝심"
"예식장 뷔페에서 맛없는 스파게티를 서너 번 먹는 스파게티 카페의 매니저"

하찮은 예제들로 보이지만 모두가 살아남기 위해 몸부림치는 내
용임을 알 수 있다.

말 주변이 좋아 판매로 좋은 실적을 올리는 직원이 있었다. 어떤 부류의 사람이 찾아와도 되돌아설 때는 손에 상품을 들고 매장을 나서게 만든다. 그런 능력에 모두가 탄성을 내고 있었다. 판매의 신이 따로 있는 게 아니었다. 이 친구가 바로 판매의 살아있는 신이었다.

어느 날 갑자기 이 친구가 사라졌다. 사방에서 스포트라이트를 받게 된 것이 부담스럽게 느껴졌다. 매일 생활일지를 작성하며 진정 내가 가야 할 길이 맞는지 뒤돌아봤다. 좋은 실적으로 조직에서 인정받고 돈도 많이 벌게 되었지만 남은 것은 판매왕이라는 호칭뿐이었음을 알게 되는데 오랜 시간이 걸리지 않았다. 영업의 기본은 제대로 지켰지만 내가 살아남아야 하는 명제는 풀지 못했다. 생존의 과제가 해결되었을 때 돌아가는 게 옳다고 느낀 것이다. 잠수타는 행동으로 주변 사람들을 힘들게 하고는 있지만 조금 더 자기시간을 갖기로 한다. 당당하게 영업으로 살아갈 자신이 있는지 스스로에게 물어보고 싶었다.

영업의 기본은 판매임에 틀림없다. 작은 판매를 기반으로 더 큰 영업계약을 기획하고 미래로 나아가야 한다. 단, 이 기본은 내가 살아남았을 때 유효하다. 조건 없이 생존해야 한다.
배달부의 모습으로 영업에 나서지 말고 상생을 실현하는 모습이 영업인의 진솔한 형상이다.

✍ 1분 리뷰

: 현장영업에서 요구되는 기본 핵심사항 도출해 보기!

"야! 쟤는 어쩜 말을 그렇게 잘 하냐. 말로 하는 영업을 당해낼 재간이 없네 그려!"

"상냥함이 몸에 배었네 배었어! 아마 영업하려고 천성이 그런 게 아닌가 싶어요!"

"아니, 처음 본 사람과 빨리도 친해진다! 영업 사교성 하나는 알아줘야 한다니까!"

"정말 돈 냄새는 기가 막히게 알아차린다니까! 이번에도 큰 영업 한건하게 생겼지 뭐야!"

"어떻게 판매하길래 소문이 꼬리 물고 천리를 가느냐 말이야!"

"저 놈 하는 거 봐라, 천상 영업으로 클 놈이야! 애초에 영업 물끼라고 안 하든!"

"영업이 자기 적성에 딱 맞는다고 봐야지! 영업에 전혀 불만이 없어 보이 잖아!"

평생 자기 적성에 맞게 직장을 선택하고 그 적성을 살리는 일에 몰두할 수만 있다면 그보다 더 행복한 일은 없을 것이나. 자기 적성이 무엇인지도 모른 체 일생을 마감하는 사람이 대부분인데 적성에 따라 일을 하는 것은 하늘이 내려준 혜택임에 틀림없다. 자신의 적성을 좀 더 명확히 하고자 사회진출에 앞서 적성검사를 해 보지만 딱히 '이게 내 적성이다'라고 말할만한 확신을 갖기 어려운 게 현실이다. 확실한 적성이라고 자신 있게 꺼내 보일 수도 없는 환경에서 세상의 다양성은 너무도 급격하게 확대되어가기 때문에 이 희미한 적성을 다양성에 matching시키는 일은 불가능에 가깝다. 이런 성격 정도면 이런 정도의 방향성을 잡는 것이 좋지 않겠는가 하는 정도이다.

눈에 띄는 적성을 찾지도 못했는데 적성에 맞는 일을 한다는 것은 궤변일 수밖에 없다. 처음부터 영업에 맞는 적성이 있다는 것 또한 궤변이다. 적성에 맞추어서 영업을 실행하는 사람이 얼마나 되는지 알아볼 필요도 없다. 불확실한 환경에서 어렴풋한 일말의 가능성을 가지고 영업으로 발걸음을 옮길 뿐이다. 먹고 살기 위해서 영업직무를 선택한 것이지 그 이상도 그 이하도 아니다.

적성이란 잣대를 일에 무리하게 꿰맞추는 상황을 인위적으로 누군가 만들었을 뿐이다. 이런 형식을 만들어 그 울타리 안에 스스로 안주하는 분위기에는 대다수가 긍정적이다. 적성에 맞는지 안 맞는지 보다 일할 수 있는 기회가 주어진 것에 감사할 따름이다. 영업이란 조금은 특수하고 어려운 일에 다가가는 빌미를 적성이라는 틈바구니에서 핑계거리로 일부 찾게 된 것뿐이다. 이러 저러한 나의 장점이 영업이란 측면에 조금은 부합하지 않을까 하는 자기 암시이다.

'말을 잘한다, 외향적인 성격이다, 얼굴이 두껍다,

사람 만나는 것을 즐기고 두려워하지 않는다,

새로운 환경에 적응을 잘하는 편이다,

누구보다 살아남아야 하는 절박감을 가지고 있다,

대인관계 스트레스를 슬기롭게 넘기는 재주가 있다,

도움을 주고받는 네트워크가 잘 구성되어 있다.'

일련의 영업을 잘해왔던 사람들의 공통된 모습으로 볼 수 있다. 이런 모습이 적성이라고까지 단정 지을 수는 없을 것이다.

간절하게 사회진출을 준비하고 있던 젊은이가 있었다. 지원서 및 자기소개서에 쓸 만한 내용이 별로 없었다. 남들처럼 화려하지는 않지만 그래도 무언가 나를 알리는 상황을 연출해야 했다. 그럴듯하게 포장된 지원으로는 구직의 기회가 열리지 않았다. 적성하고는 거리가 먼 영업직으로 진로를 설정하게 된다. 이는 어쩔 수 없는 살아남기 위한 계획된 처절한 몸부림이었다.

소신에 차서 일하는 사람들이 적어서 그런지 경쟁을 뚫고 일할 기회를 갖게 된다. 영업분야 중에서도 그나마 조금은 손쉬운 In-door 매장 영업이었다. 적성은 접어두고 일을 시작하다 하루가 다르게 일이 손에 익어갔다. 아침에 일어나는 일이 가벼웠다. 매장영업이 내 적성에 맞는 일이 아닌가 착각에 빠졌다. 순식간에 1년이 지나갔다. 일에서 행복을 찾게 된 것이다. 적성만을 찾아 일을 한다는 것은 시간

낭비임을 알게 되었다.

적성에 맞게 일을 하는 게 아니라 일하면서 적성을 만들어 가는 것임을 알게 되었다.

누구에게도 자신 있게 이 말을 하게 되었다. 일을 찾아 방황하는 후배들에게 스스럼없이 내 놓는 이야기가 되었다. 매장에서 새롭게 창구영업을 시작하는 신입들에게 손에 쥐어 주는 조언이 되었다. 실시간 으로 만나게 되는 소비자들에게도 내가 만들어 가는 적성에 대해 소 신을 전한다. 적성의 또 다른 방향성을 제시하게 된 것이다.

한 개인의 이야기이기 때문에 주관적인 판단으로 적성을 단정 지 을 수는 없다. 다양한 적성을 갖고 수만 갈래 인생의 여정을 가는 사 람들을 한 방향으로 몰고 가는 것은 바람직한 일이 아니다. 단지, 일 과 연관지어서 특히 영업과 연계되어 일하는 사람들에게 적성 운운하 는 우매한 생각은 버리길 바랄 뿐이다.

MBTI

개인적인 성격과 적성검사를 할 때 자주 접하게 되는 용어이다. 주로 영업직, 전문판매직, 상담직 등 대인관계 속에서 일하는 사람들 에게 제대로 된 진로를 설정해 주기 위해서 실행해 보는 간단한 테스 트이다. 사회진출을 앞둔 젊은 청춘들에게도 많이 권유되는 적성진단 검사이다. MBTI 검사를 개발해 냈고 이 분야에서 일하시는 분들에게는 외람되지만 이 검사는 무용지물이다. 어떻게 93개 문항으로 세상에 있는 모든 사람들을 16개 독립된 성격유형으로 분류할 수 있는가? 1인 100색의 시대! 나도 내 마음을 잘 모르는데 타인에 의해, 검사지에 결과에 따라 내 적성을 꿰 맞추는 일은 너무 작위적이지 않은가? MBTI 검사가 가장 적절한 직업을 선택하는 최고의 도구라고 이야기하는 것은 어불성설이다. 성격과 적성에 따라 일을 해야 한다는 그릇된 사고가 빚어낸 해프닝으로 보아야 한다. 처음 의도와는 달리 돈벌이로 전락한 이 검사는 재미삼아 해보는 개인 운세보기 정도로 받아들이자. 성격, 적성은 살아가는 데 필연적으로 지녀야 할 충분조건은 아니다. 일을 시작하기 전부터 적성이라는 틀에 갇혀 버리면 향후 기나긴 인생의 여정을 어떻게 대응하며 움직여 나갈 것인가!

적성은 검사지로 찾아내는 것이 아닌 시간을 가지고 길러내는 것이다.

천성이 순하고 착한 청년이 있었다. 대학 졸업반이 되었으나 진로설정도 못하고 고민에 휩싸였다. 아무 준비가 안 된 탓에 사회진출은 언감생심이었다. 과정을 이수하면 취업이 된다는 말에 영업마케팅 과정을 수료하게 된다. 정말 운이 좋게 대기업 편의점 영업점장 인턴으로 들어가게 된다. 인턴을 큰 문제없이 마치면 정규직으로 전환이 되는 기회를 얻은 것이다.

누구보다 열심히 근무했으나 정규직 전환에 실패하게 된다. 편의점 일이 적성에 맞는다고 편의점 직무에 수없이 도전을 한다. 실패가 계속되자 유사한 매장영업에 또 도전을 이어간다. 이런 일이 내 적성에 잘 맞아서 누구보다 잘 할 수 있다는 자기최면에 빠진다. 여타 일할 자리를 추천받았으나 적극적으로 대응하지 않았다. 졸업 후 시간이 흐르자 초초함이 밀려들었다. 커피숍 알바를 시작했고 성실한 친구였기에 정규직으로 전체관리를 맡게 된다. 그리고 조금 규모가 큰 카페로 이동해서 매니저 일을 하게 되고, 주방 일도 겸직하며 파스타 등 조리를 직접 하게 된다. 이로 인해 프렌차이즈 파스타 점 매니저로 자신만의 역량을 발휘하게 된다.

처음 일을 시작할 때를 뒤돌아 보게 되었다. 적성을 찾아 시간을 허비했고 자기합리화에 빠져 힘든 시간을 보냈다. 커피숍 서빙의 단순노동을 시작으로 자기 일을 찾아가기 시작했다. 많은 시행착오와 시간이 흘렀지만 이제 앞이 조금씩 보이기 시작했다. 나만의 작은 전문점을 개설할 준비를 하게 되었다. 내가 가야 할 길을 적성에서 찾은 게 아니라 피땀어린 경험에서 찾은 것이다.

적성은 일과 그렇게 큰 관련이 없다. 물론 일부 사람에게는 조금 영향을 미칠 수는 있다. 적성은 얼마든지 새롭게 키우고 방향전환을 할 수 있다. 적성을 부르짖고 맹신하는 흐름에서 빠져나와야 한다.
영업은 적성이 맞지 않으면 고생을 한다는 관념은 버려져야 한다.

사람과 대화하는 것이 두려웠던 사람이 40년 넘게 보험영업을 잘 이끌고 있는 것을 어떻게 설명해야 할 것인가?
가수로의 성공신화를 묻어두고 자동차 영업사원으로 20년 넘게 달려가고 있는 사람은 적성이 맞아 떨어져서 힘든 딜러를 계속하고 있을까?

밤을 세워가며 On-line 쇼핑몰을 관리하는 비대면 영업을 하는 친구는 부엉이 작업이 적성에 맞아 피곤한 줄도 모르고 일을 하는 걸까?

영업은 적성을 배경으로 움직이는 일이 아니다!
영업은 적성을 먹고 성장하지 않는다!
적성을 두려워해서 영업을 못하는 일은 절대 없다.

"영업은 적성보다는 절박감과 아주 큰 연관이 있다!"
"영업은 절박감으로 다가가야 하며 절박감으로 승부를 보아야 한다!"
"만고의 진리이다!"
"나와 내 처자식을 먹여 살려야 하는 절박감이 있다면 영업은 희망의 동
 아줄이 될 수 있다."

✍ 1분 리뷰

: 외부에서 평가하고 있는 내 적성의 모습을 적어보자!

Sales(영업) 뼈대를 구축하는 기초작업

기업을 경영하는 경영주, Sales(영업)과 관련된 모든 구성원, 직간접으로 기업에 투자하고 있는 투자자들, 영업을 연구 분석하는 협회 및 교육기관, 가장 핵심이 되는 현장 활동에 전념을 하고 있는 Salesman에 이르기까지 모두의 공통적인 최고의 관심사는 영업의 Output으로 만들어진 최상의 결과물을 획득하는 것으로 귀결된다. 훌륭하게 기획된 기업의 지속성장 청사진이 완벽하게 구축되어 최고의 제품을 생산해 내는 데 성공한다고 하더라도 일회성으로 고착되어 꾸준한 판매 흐름을 이어가지 못한다면 기업의 미래는 불투명해진다. 기업의 진정한 존재 이유는 형식적으로 설립되어 명목만 내세우는 Paper-Company로의 모습이 주가 아니라 Level-up의 영속성을 보여주며 사회와 국가의 성장동력 역할을 감내하는 일이다. 많은 인재들을 등용해서 경제활동을 하도록 하여 사회 구성원으로서의 기회를 제공하고 사회 리딩 활동의 메인 구실을 하는 것 또한 기업이 해야 할 일이다.

이런 일련의 모든 일들은 영업의 활성화 없이는 절대 불가능한 일이다. 재미 삼아서 기업경영을 하고 시간이 남아돌아 영업을 하는 사람은 없다. 목숨 걸고 영업을 해야 하는 이유가 여기 있다.

영업!

영업 실적!

영업 흐름 지속성!

영업 이익의 극대화!

어떻게 하면 영업을 잘할 수 있는지에 대한 관심은 언제나 있어 왔다. 경영 실행 Project의 항상 일 순위로 전개되는 것이 영업 관련 활동사항이다. 기업조직의 교육부서는 영업직원들을 독려하는 프로그램 개발과 실행에 모든 역량을 쏟아 붓는다. 오랜 세월 이런 일련의 노력은 쉼 없이 지속되어 오고 있다. 수동적인 역량개발로 소기의 목적이 달성되지 않고 있는 것이 안타까울 뿐이다. 능동적인 참여가 더욱 활발해질 수 있는 방법론을 찾는 일은 그래서 멈출 틈이 없다.

많은 관심과 지대한 노력을 하고 있음에도 불구하고 영업이 제대로 된 길로 순항하는 것이 어려운 이유는 무엇인가? 그 원인을 정말 알지 못해서 실행이 정체되고 제자리걸음을 하는 것이 아님도 우리는 잘 알고 있다. 어디를 뜯어고치고 수선해야 함도 잘 알고 있으나 그럴 필요성을 느끼지 못하고 그런 절박감을 가진 사람들이 많지 않다는 것이다. 대충 기존의 Tool을 적당하게 버무리면 아직까지는 쓸만하다고 보고 있기 때문이다.

주변에서 가장 쉽게 다가갈 수 있는 영업으로 보험영업이 있다. 지난날의 주먹구구식 리크루팅에 의한 영업인 채용이 장족의 발전을 거듭하며 새로운 형태의 영업전선을 형성해 가고 있다. 신선한 바람이 불고는 있지만 알을 깨고 나오는 과감함은 아직 보이지 않고 있다.

진정한 영업의 모습과 그와 직결된 영업전략이 아직도 구태의 형상을 벗어나지 못하고 있는 것을 이제는 누군가 들추어내어 공감의 장으로 이끌어 내야 한다.

"보험영업 뭐 있어 한 두건 하다 손 놓으면 그만이지!"

"내가 이 짓을 평생 할 것도 아닌데 그만들 신경 끄세요!"

"주변 좀 파먹다 계약 떨어지면 할 수 없는 거 아니야!"

"사방을 둘러보아도 보험 한 두 개 안든 사람 없고 나를 위해 누가 기다리고 있겠어!"

"선 수당 높은 곳 있으면 알아봐 줘. 그 곳에서 단기로 일 좀 해보게!"

"환수 겁나면 이 보험영업 일 못해! 그냥 있는 그대로 밀고 가세요!"

왜 이런 현상이 지속되고 고쳐지지 않는 것인지 진정 모르고 있는가? 알고 있다면 치유책을 개발하고 백신을 놓으면 되지 않겠는가! 우연찮게 환경이 어려워지고 마음이 핍박해진 사람들에게 영업을 강요하기보단 살아가는 수단으로 영업을 안내하고 가이드했어야 했다.

영업의 뼈대!

영업의 뼈대구축!

영업의 뼈대를 구축하는 일이 왜 중요한지 알려주고 이를 통해 새로운 인생의 길을 열어가도록 도움을 주었어야 했다.

이런 일련의 작업 이전에 스스로 영업에 들어서는 사람들에게도 영업을 취급하기 위한 뼈대구축에 대해 진솔하게 다가간 적이 없고 한 번도 제대로 알려 주지 않았기 때문에 이 중요한 핵심사항이 공론 화돼서 세상에 모습을 보인 적이 전혀 없었다.

영업의 뼈대는 누가 만들어 주는 것이 아니다!
영업의 뼈대는 수학 공식으로 만들어 전파시키는 것이 아니다!
영업의 뼈대는 과거의 성공트랙을 답습하는 것이 아니다!
영업의 뼈대는 학습으로 일구어지는 단순 노력의 결과물이 아니다!
영업의 뼈대는 벤치마킹으로 세워질 수 있는 구조가 아니다!
영업의 뼈대는 힘의 논리로 쌓아 나가는 권력형 System이 아니다!
영업의 뼈대는 상술로 일방향의 단순판매만을 지향하지 않는다!
영업의 뼈대는 바로 내가 만들어 가는 하루하루의 쓰디쓴 인생의 부산물 이어야 한다!

질곡의 부산물로 점철된 살아 숨 쉬는 영업의 뼈대를 세우기 위해서는 어떤 방법이 가장 무난할 것인지 스스로 찾아 나서야 한다. 자신만의 방법론을 명확하게 집어내지는 못한다고 하더라도 대략적인 윤곽은 그려내야 한다. 이런 기초적인 작업을 등한시해왔기에 아주 가까운 곳에서 이를 만나고 농축시킬 수 있는 기회가 있었는데 우리 스스로 이를 공중으로 날려 버렸다.

매일은 아니더라도 자주 근처의 재래시장을 빙문하는 것이 영업의 뼈대를 세우는 기본이다.

"아! 그거 누구나 할 수 있는 일이잖아요!"

"그렇지요, 누구나 할 수 있는 일인데 대부분은 하지 않고 있지요!"

"아 뭐 그렇게 시장 한 바퀴 둘러본다고 영업의 뼈대가 세워질까요?"

"단순한 장사꾼들의 투박함만 배우게 되는 게 아닐런지요!"

"네, 바로 그겁니다! 영업의 기본은 그런 투박함에서 시작됨을 알아야 합니다."

우리는 영업을 멋있고 폼 나고 남에게 보여주는 Visual 개념으로만 생각해 왔다. 은연중에 대기업에서 하는 영업은 고급영업이고 중소기업이나 시장에서 하는 영업은 저급한 영업이라는 착각에 매몰되어 있다.

"야! 그런 개미새끼들 모아서 하는 영업으로 승부가 나냐!"

"영업은 곰이 한번 굴러서 1년은 먹고살 수 있어야 그게 영업이야, 임마!"

"매날 붕어빵 판돈 받아서 언제 예금계누 밀출 낍니까? 큰손 삻으세요, 제발!"

"거래처 100개면 뭘 해! 관리만 하면 어느 세월에 실적 올릴 건데!"

"이제 조막손은 정리할 때가 된 거 아니냐! 언제까지 껴안고 갈 건데, 참 나!"

이 작은 카테고리 안에 영업의 뼈대가 자리 잡고 있음을 무시해 왔다. 재래시장의 비린내 나는 달갑지 않은 작은 장소가 영업의 뼈대를 이루는 Base임을 외면해 왔다. 아니 하루라도 빨리 벗어나야 하고 가고 싶지 않은 곳으로 생각해 왔다. 추운 이른 새벽에 생선을 싣고 온 트럭이 재래시장 생선매장 앞에 선다.

좁은 시장통에서 매장에 생선을 내려놓기 시작한다. 시장이 깨어나는 시간이 다가오면 생선을 내려놓을 수 없기에 이 시간만이 생선가게 주인에게 허락된 혜택이다. 이 주인이라고 추운 겨울 새벽잠을 설치며 이 개고생을 하고 싶겠는가? 이렇게 하지 않으면 재고를 줄일 수 없고 살아있는 영업은 물 건너가게 된다. 과일, 야채, 농산물, 공산품, 생활용품 어느 하나 이와 같은 흐름에서 벗어날 수 없다. 이런 어려움을 직접 겪고 나면 어떤 일도 어려움을 이겨내며 나아갈 수 있다. 영업은 어려움을 스스로 극복해 나가는 일련의 순례여행 같은 것이다.

생선트럭의 교훈을 우리는 지나쳐서는 안 된다. 적어도 영업에 관련된 사람들이라면 이 모습을 보기 위해 똑같이 새벽잠을 설치며 이 광경을 지켜보아야 한다. 시장이 파장되어 어둠으로 뒤덮여 졌지만 오늘 팔던 야채 재고를 줄이기 위해 한 편에 작은 불을 밝히고 마지막 판매와 정리에 몰두하고 있는 장사꾼을 보았는가! 왜 이런 작업이 필요한지 자문자답을 해 봐야 한다.

나는 내 영업을 위해 어떤 준비를 하고 있는지 점검해 보아야 한다.

이런 준비 없이 영업의 뼈대는 절대 구축되지 않는다.

아무 노력 없이 영업의 뼈대에 살이 오르지 않는다.

튼실한 뼈대에 영업의 살을 올리는 작업은 후미진 시장의 한 모퉁이어도 좋다.

영업의 뼈대는 어디에서든 영업인의 손길을 기다리고 있다.

✍ 1분 리뷰

: 내가 지향하는 영업의 뼈대는 어디에 뿌리를 내리고 있는가?

Sales(영업)은 정답을 강요한 적이 없다

"無"에서 "有"를 창조해 내는 일이 영업이라 말하고 있다. 말이 쉽지 아무것도 없는 상태에서 손에 잡히는 가시적인 성과를 올리는 일은 너무 힘든 작업임이 틀림없다. 어떤 산업 어느 분야라도 이 범주에서 벗어날 수 없다. 때로는 경기가 좋은 시절에 영업을 하게 되면 운이 좋게 일을 하고 있다는 이야기를 듣게 되고 불경기에 영업직무를 맡게 되면 지지리도 복도 없다는 말을 듣게 된다. 어렵고 힘든 영업을 쉽고 편안하게 진행할 수 있다면 그럴듯한 정답을 찾은 것으로 간주할 수 있을까? 안팎으로 욕을 먹어가며 영업을 하는 사람은 항상 틀린 답 속에서 살고 있는 것으로 보아야 할까?

영업이라는 일은 애초에 정답과는 거리가 떨어진 일로 우리에게 다가왔다. 주어진 영업 일 자체도 환경과 여건, 시대 상황에 따라 천차만별로 보여지게 된다. 영업 일을 수행하는 영업인의 다양한 조건에 따라 또 전혀 다른 모습으로 나타난다. 영업의 결과는 가히 상상할 수 없을 정도로 넓은 진폭을 형성하게 된다. 영업은 정답으로 설명할 수 있는 객체가 아님을 모두가 알고 있다. 그럼에도 불구하고 정답을 만들어 놓고 이에 두달하도록 압박 속으로 밀어 넣고 있다.

"내년도 경기는 어려울 것으로 예상합니다. 그래도 10% 매출 성장 가능하겠지요!"

"영업인원 충원은 없습니다! 팀별 자체적으로 영업 인력구조 개편 바랍니다!"

"코로나 같은 외부 충격이 있을 시 Output에 상관없이 영업은 재택근무로 전환합니다!"

"이번 계약 건 확실하겠지요? 김과장이 실무자인데 무조건 성공이라고 봐야지요!"

"1/4분기 사업부 전체실적 100% 만드세요! 사업부장님 특명입니다! 하면 됩니다!"

"뭐 주말에 쉰다고! 워라밸 같은 소리하네! 그런 회사로 가세요, 이 선생님!"

이론적으로는 별 문제가 없는 영업 관련 내용들이다. 속을 들여다보면 치졸한 주먹구구식의 흐름이 손에 잡힌다. 정해진 정답은 있는데 이를 운영하는 체제는 중심을 잃고 표류하고 있다. 영업은 살아 움직이는 아메바와 같은 존재이다. 이 숨쉬는 객체를 붕어빵 틀에 넣고 모조품만 마구 찍어내면 영업은 어찌되겠는가? 우리는 이미 정답의 폐해를 실생활 속에서 너무 많이 감내하며 살아왔다.

"선생님의 외침, 4번의 정답은 3이다! 제발 외어라!"

"정답을 향한 왜는 없다! 그냥 따라 가거라!"

"그런 점수로 서울에 있는 대학 가겠나! 정답관리 좀 해라!"

"이런 지문이 긴 문항의 문제는 역시 긴 문항이 정답입니다!"

"올해 우리회사의 경영, 영업전략은 A입니다! 외부에서 쓸데없는 이야기 금지입니다!"

공교육기관인 학교에서, 사교육업체인 학원에서, 기업에서 정부기관에 이르기까지 거의 모든 조직이 정답의 굴레에서 빠져나오지 못하고 있다. 영업이라는 직무도 이 범주에 갇혀 있는 오도가도 못하고 진퇴양난에 놓여 있다. 이 굴레에서 벗어나야 새로운 세상으로 향할 수 있음을 아는 데에는 그리 오랜 시간이 걸리지 않았다. 사회생활을 시작하고 얼마 지나지 않아 대부분의 사람들은 스스로 알게 된다. 세상에 정답은 3번만이 아닌 1번, 2번, 4번, 5번도 모든 것이 정답이 될 수 있음을 알게 된다. 이런 실험에 제일 먼저 다다르게 되는 일이 영업이다.

"꼭 그 가격이 아니라도 큰 문제는 없는데 왜 그렇게 고집을 부리는지 모르겠네."

"5번 조항은 빼도 되는데 상대방을 자극하는 이유가 무엇일까?"

"시키면 시키는 대로 하세요! 왜 자꾸 정답을 바꾸려고 하나! 김 대리."

"지난번에 밀고 나갔던 3번 답으로 하세요! 이번에도 별 문제 없으면 그리 안되겠나!"

그런데 정답 자체는 우리에게 압력을 행사한 적이 없다. 우리가 지레짐작으로 정답에 굴복한 상황만이 전개되고 있다.

세상은 우리에게 정답을 강요한 적이 없다!

시장은 우리에게 정답으로 가라고 윽박지른 적이 한 번도 없다.

고객은 영업인에게 정답을 내놓으라고 닦달거린 적이 없다!

상대방은 언제나 당신의 정답에 목을 멘 적이 없다!

영업이라는 객체는 사방에서 정답으로 다가 간 적이 없다!

우리는 착각에 빠져 살고 있다. 이미 깊은 착각의 늪에 빠져서 헤어나올 시기를 놓치고 있다. 생각 이상으로 정답의 늪은 깊고 넓어서 탈출구를 찾기가 용이하지 않다. 늪에서 발버둥 치면 더 깊게 빠져 버리기에 그저 숨만 쉬고 누가 건져 주기를 기다리는 신세가 되었다. 영업으로 하루 해가 뜨고 지는 여건 속에서는 영업인이 정답을 운운하는 것은 사치이다. 눈만 뜨면 소비자를 만나러 사회의 온 구석을 누비고 다녀야 한다. 정답을 머리에 그리며 다니는 것은 머릿속에 과부하가 걸려 길거리에서 사고로 이어진다. 영업인의 머리는 항상 가벼워져 있어야 한다. 순발력 있게 현실에 대응하기 위해서 최적의 조건을 만들어야 한다.

지방의 작은 유통업체에 근무하던 사람이 있었다. 급여도 적고 비전도 없어 지인의 도움으로 서울 남대문시장의 안경업체에서 일하게 되었다. 우직하고 성실함으로 안경 도매업체의 내·외부 살림살이 전체를 관리하게 되었다. 거래처 납품과 수금도 맡게 되어 자금관리까지 이어지게 되었다. 지방출장도 잦았지만 묵묵히 일에만 집중했다. 사장의 신임은 물론 주변, 거래처 모두에게 신뢰를 받기 시작했다. 어느 날 갑자기 안경이 내 인생의 정답으로 다가왔다. 이 정답만 쥐고 있으면 앞으로 내 삶은 아무 문제가 없을 것으로 보였다.

과감하게 독립을 했다. 정답을 실천하기 위해서였다. 배전의 노력을 기울이며 앞만 보고 달렸다. 초반의 순탄함은 오래가지 못했다. 거래처 경쟁은 더욱 치열해지고 납품대금도 차일피일 미루어지는 사태가 이어졌다. 정답에 오류가 나고 있음을 알기 시작했다. 문제는 잘못되어가고 있는 정답을 포기할 수 없는데 있었다.

그 성실한 사람이 무너졌다. 지인과 새로운 일도 도모해 보고 낙향해서 농사도 지어 보았지만 어려움의 연속이었다. 정답에 너무 깊이 빠져 있었다. 중간에 틀린 정답을 버리고 자신만의 답을 찾았다면 새로운 길을 갔을 것이다. 지방영업을 다니며 세상이 정답을 강요하지 않음을 알았을 것이다. 조금만 일찍 이 정답의 관념을 떨쳐버렸다면 본인이 그리던 꿈을 실현할 수 있었을 것이다. 수많은 현장에서 보았던 그 많은 방향성을 내 마음의 바닥에 깔아 놓았더라면 어느 길로 들어섰더라도 재기의 기회를 가졌을 것이다. 안타깝게도 이분은 지금 없다.

이런 정답의 굴레에서 지금도 신음하는 영업인들이 많다. 영업인뿐만이 아니라 대부분의 사람들이 아마 그럴 것이다. 정답을 지워야 한다! 영업인은 정답에서 멀어져야 한다! 과거의 관행을 버리고 새로운 혁신을 부르짖고 있으나 정답을 못 버리고 있다.

정답에서 빠져나와야 하는 명분은 영업인 자신이 마련해야 한다. 시대를 탓하고 환경을 비난하는 일은 없어야 한다. 세상과 맞서는 일은 결코 쉬운 일이 아니다. 정답이라는 관행을 떨쳐 버리고 새로운 흐름을 정착시키는 일은 고행이다. 지금도 고행의 길을 가고 있는 영업인이 또 다른 고행의 Route를 개척하는 일은 험난한 여정이 될 수밖에 없다. 이는 이미 예고되었던 바이다! 영업인은 이 험난한 여정을 받아들여야 한다. 아무도 나서지 않기에 기회는 무제한으로 부여된다.

세상을 답으로부터 구하고 새로운 이정표를 세우는 작업을 영업인이 선점해서 나서야 한다. 영업이 세상을 향해 정답을 강요한 적이 없듯이 영업인 스스로도 무분별하게 세상에 널려진 정답을 향해 강요의 칼날을 세워서는 안 된다.

영업인이 세상을 Leading하는 시간이 이제 막 시작된 것이다!

정답이 세상을 지배하는 게 아닌 영업인이 정답을 지배하는 시대가 되었다.

✍ 1분 리뷰

: 정답의 Tool을 청산하지 못하는 이유를 적시해 보자!

Sales(영업)을 받아들이는 자세

예나 지금이나 영업에 대해서 어떻게 생각하는지 질문을 던져보면 극명하게 두 가지로 대별됨을 알 수 있다. 하나는 비 영업인들의 의견으로 부정적인 내용들이 대부분이다. 반면에 영업 관련 사람들의 의견은 긍정적인 방향으로 가득 차 있다. 영업의 위상 그 자체만 놓고 보면 옛날하고는 비교가 되지 않을 만큼 그 위치가 격상되어 있음을 피부로 느끼고 있다. 그럼에도 불구하고 아직도 영업에 대한 객관적인 시선은 그리 탐탁하지 않은 수준이다. 조금 더 객관적이고 현실적인 관점에서 영업을 들여다보기로 하자.

우선 영업에 대한 부정적인 시선을 모아 보자.

"학생 때 공부 열심히 하지 않으면 저런 힘든 일을 하게 되는 거야!"
"일 똑바로 못하니까, 네가 할 만한 일이 이것 밖에 없지 않겠어!"
"영업은 맨땅에 헤딩하는 을에 해당하는 직군임을 알고 시작하라!"
"군대로 따지면 전쟁터에서 싸우는 전투병과로 소모성을 인정해야 한다!"
"숫자로 당신을 평가하게 되는 매출기상구의 흐름에 늘어와 있다!"
"잔 대가리 굴리는 정신적 노가다 판에 오신 것을 환영한다!"
"비 영업부서와 항상 다툼이 있을 때 언제나 코너에 몰리는 미약한 존재다!"

영업에 대한 긍정적인 시선도 모아 보자.

"트럼프가 연설 중 I'm a Salesman을 설파하듯 우리도 그 흐름에 동승
하고 있다."

"경영의 마무리 방점을 찍는 일로 영업부서, Salesman없이 기업이 존재
할 수 없다."

"세상은 내게 관심이 없지만 Salesman인 나에게는 도움을 청하는 시대
이다."

"뒤돌아 한 발짝 만에 Salesman명함이 쓰레기통으로 들어가던 아픈 과
거는 죽었다."

"개인의 능력이 최대로 발산되는, Salesman은 대체할 수 없는 무형의
자산이다."

"IT, AI시대 최종적인 승자는 현장을 지배하는 Salesman이 될 수밖에
없는 현실"

"실무자가 존중받는 시대에 경영을 이끌어 가는 Market Leader로서
Salesman"

영업으로 생계를 유지해야 하는 영업인들이 세상에서 어떤 평가
를 받는지는 실제 그리 중요한 포인트가 아니다. 물론 긍정적이고 좋
은 평가를 받고 그에 합당한 대우를 받는다면 금상첨화이다. 세간에
영업이 제대로 이해되지 못한다고 해서 불만을 갖거나 세상에 대해
비판적으로 대응하는 것은 잘못된 사고이다. 내가 인생을 살아가며 반

듯하고 괜찮은 사람으로 평가받는다고 하더라도 나를 싫어하는 사람은 분명히 존재하고 그 사람들까지 포용하며 살아가는 것은 너무 피곤한 일이다. 영업을 잘 모르는 영업인 그리고 아예 영업과 전혀 상관이 없는 사람들까지 나를 이해하고 나에게 동조하도록 만드는 일은 불필요한 일이다. 그나마 영업을 dealing하고 영업 속에서 살아가는 사람들이 영업에 대한 시선을 스스로 정당성을 부여하여 관리하는 것이 더 중요하며 대외적으로 경영의 핵심임을 가이드하는 것이 절대적으로 필요하다.

초록은 동색이고 손은 안으로 굽는다는 아전인수격의 해석이 아니라 현장을 경험하고 이를 실제적으로 움직여가는 사람들이 영업에 대하여 보다 더 적극적으로 대응을 해야만 한다. 영업은 개나 소나 다 하는 일이고 나도 그에 속하는 것은 맞지만 변함없이 자책하고 기회만 주어지면 이 수렁에서 벗어나기만을 기대해서는 안 된다는 것이다.

영업은 어떻게 받아들여져야 하는가?

영업을 어떻게 받아들이도록 가이드해야 하는가?

영업은 이렇게 긍정적인 시그널로 받아들여져야 한다!

영업을 이렇게 긍정적인 모습으로 보여 줄 수 있을까?

영업은 절대 필요한 존재임을 내가 증명해야 한다!

영업의 필요성이 검증을 통해 더욱 명확해지도록 주변의 신뢰를 쌓아야 한다!

영업인이 상하좌우로 엮여 있는 내 Network만이라도 영업의 필요성을 공유시키자!

영업을 주고받는 상황에서 어떤 위치에 있던 가장 중요하게 인지해야 하는 것이 있다. 인지된 것으로 그치는 게 아니라 철저하게 지켜보고 바꾸어야 하는 것이 있다.

"강요"
"억지로 강압적으로 요구함"이다.

영업이 중요성에 비해 오랜 세월동안 부정의 표적이 되었던 것은 이 강요때문이었다. 계약 의사가 없었는데 마지못해 계약을 해야 하는 경우를 만들고, 구매 의사가 전혀 없었는데 물건을 살 수 밖에 없는 상황으로 몰고가는..., 결과는 언제나 참혹한 현실을 만든다. 양자 모두가 패배로 끝나는 시나리오를 쥐게 된다.

지금은 거의 사라진 금융권의 치졸한 관행이 있었다. "꺾기"라는 강요성 관행. 이것은 대출을 해줄 때 대출조건으로 일정금액을 강제로 예금하도록 하는 것이다. 어려웠던 시절 그렇게라도 돈을 빌려야 했기에 당연한 금융영업으로 받아들여졌다. 한쪽은 대출실적, 예금실적 올려서 좋고 또 다른 쪽은 힘든 대출을 받아서 좋았을까? 그에 대한 대답은 각자에게 맡기기로 한다.

일본 햄버거 매장에서 썼던 영업 매뉴얼이다. 햄버거만 시킨 구매자에게 '2-3초 뒤에 콜라 어떠세요?'라고 하면 100% 가까운 햄버거와 콜라 세트구매로 이어진다고 가르쳤다고 한다. 무의식 중에 콜라를 쥐게 된 구매자의 마음은 어떠했을까?

백화점 고급의류 매장에서 언변이 화려한 판매직원의 권유로 비싼 옷을 사게 된다. 결정은 본인이 하였지만 무언가 개운치 않음을 통감하다. 하루 이틀 뒤 반품을 하게 된다. 판매자 구매자 모두에게 남은 건 무엇일까?

영업은 어떠한 경우라도 강요와는 철저하게 떨어져야 한다. 강요가 되었든 어찌됐든 영업맨은 판매실적을 올렸다고 자위할 것이다. 속을 들여다보면 이분도 패배자이다. 반품으로 더 큰 앙금을 가슴에 담아두게 된 것이다. 영업이 강요로 양자 모두가 상처를 입게 되는 경우를 만들어서는 안 된다. 이 상처로 인해 영업에 대한 이미지가 심하게 구겨지게 된다. 영업활동이 상대방을 현혹하는 수단으로 자리를 잡게 해서는 안 된다. 영업을 진솔하게 받아들이기보다는 충동적 행동으로 영업을 왜곡되게 만들기 때문이다.

영업을 이끄는 주체는 영업인이다. 시장을 Leading하는 사람도 영업인이다. 이제 새로운 길을 모색하게 된 영업이 시장에서, 사회전체에서 제대로 긍정의 Model로 받아들여지기 위해서는 영업인이 중심이 되어야 한다. 영업인 스스로 제대로 된 영업의 기틀을 마련하고 소비자를 포함한 세상 모두가 부담 없이 다가오도록 만들어야 한다. 바로 강요로 받아들였던 영업의 모습을 영업인 스스로 잘라 내는 과단성을 선보여야 한다. 진실된 영업인도 필요하지만 강요가 아닌 스스로 영업에 다가오게끔 현장의 진정한 파수꾼으로 거듭나는 영업인이 필요하다. 그래야 영업을 가슴으로 받아들이게 될 것이다.

👆 1분 리뷰

: 영업을 바라보는 긍정, 부정의 시선에 대한 주관적 견해를 정리해
보자!

Sales(영업)은 상술에서 멀어져야 살아남는다

매출을 올리기 위한 노력은 오랜 세월을 거치며 지속적으로 이어지고 있다. 수많은 비책이 개발되어 시대와 주변 환경에 따라 유효하고 적절하게 활용되어 왔다. 묘안들이 전략가의 머리를 거쳐 영업현장에서 다양한 쓰임새로 소비자와 마주한다. 소비자의 결정을 이끌어 내는 전략으로서의 실효성은 어떤 방법으로 영업을 하느냐 하는 문제와 직접 연관되며 이는 전적으로 영업인 본인에게 달려 있다.

주택가의 작은 점포에서부터 재래시장 점포, 대형마트, 백화점 등의 중대형매장에 이르기까지 소비자와의 만남의 시작은 매장에서의 첫 대면으로 출발한다. 기업을 상대로 계약을 성사시켜야 하는 법인영업도 담당자와의 처음 만남으로부터 서서히 기지개를 펴게 된다.

현장에서 일하는 사람이라면 누구라도 상대방의 마음에 들어야 하는 중요한 이슈가 기저에 자리를 잡고 있기 때문에 가슴속의 진정성을 있는 그대로 펼쳐 보이기 위해 처음부터 최상의 노력을 경주하게 된다. 일면식도 없는 상대방과 판매계약을 위해 마주하며 이야기를 전개하는 것은 상당히 부담스러운 커뮤니케이션 작업이다. 어느 쪽이 되었든 일방향의 호감은 자칫 다른 상대방과의 불협화음으로 보여져서 난감한 상황으로의 흐름이 이어지기 때문에 주의해야 한다. 이런 어색함을 최대한 줄이고 분위기 반전을 위해 본의 아니게 상술이 동원된다.

의례적인 립서비스인지 알고 있지만 그러려니 받아들이게 된다.

"사모님 날씬한 몸매에 딱 어울리는 신상을 보고 계시네요! 보는 눈이 있
으시네요!"

"혈색이 아주 좋아 보이십니다! 오늘 뭐 좋은 일이 있으셨나 보네요!"

"지금부터 앞으로 5분간만 최상급 갈비 반값에 모시도록 하겠습니다!"

"이번 제안은 한정되어 진행됩니다! 귀사 포함 3개 사로 압축되어 있음
을 말씀드립니다!"

"당분간 본 제품의 생산은 중단될 예정입니다! 이번 기회를 잡으시길 바
랍니다!"

"계약 부대조건으로 A/S기간을 최대한 연장하는 조항을 조율할 수 있겠
습니다!"

이런 상황은 On-line 비대면 판매와 계약에서도 빈번하게 보이
고 있다.

"다른 곳과 차원이 다른 확실함을 보여드리겠습니다! 정원 마감 전 입장
가능!"

"고객님, 한 해 동안 저희를 사랑해 주셔서 감사합니다! 신상 메뉴 검색
하고 경품 확인하세요!"

"홈쇼핑 마지막 찬스입니다! 이미 화이트는 품절입니다! 전화 급증하고 있습니다!"

"프라이팬 5개에 오늘 매수하시는 분에 한해서 찜기를 무상으로 드립니다!"

"적립금 2만 원 소멸됩니다! 2만 원 더 카드결제 하시고 4만 원짜리 건 강식품 받아가세요!"

영업활동에서 상술을 펼치는 일은 일상에서 필연적으로 다가오게 된다. 경쟁매장, 경쟁업체와의 싸움에서 유리한 상황을 이끌어 내기 위해서는 상술로 일컬어지는 현장 전략이 필요하다. 상술이라는 표현이 적절한지에 대해서는 특별히 논의된 바가 없다. 그렇게 썩 달가운 단어는 아니지만 관행상 써왔기에 사용하는 데 거부감은 없다.

통상적인 상술이야 다양한 영업에서 접하게 되는 영업전략의 일부분으로 생각할 수 있어 문제될 소지가 없다. 상술이 그 강도가 높아지면서 예상치 못한 일들이 조금씩 불거져 나오기 시작한다. 처음 의도와는 다르게 진실게임이 차츰 퇴색되기 시작한다. 이 순간 즈음해서 상술은 서서히 남을 속이는 좋지 못한 모습으로 변질되어가기 시작한다. 상술이 상대방과의 거리를 좁히는 진심의 방편으로 이용되는 것이 아니라 잠시 잠깐 눈과 마음을 속이는 파렴치한 전술로 둔갑을 한다.

"윗 부분과 속 부분의 내용물이 다르게 포장되어 소비자를 우롱하는 행위"

"카드사 핑계를 대며 전용카드로만 할인이 되는 프로모션을 진행하는 유통업체"

"80가지가 넘는 반찬 숫자로만 소비자를 현혹하는 한정식 집의 홍보문구"

"할인이라는 미명 아래 사이즈가 없는 옷으로 소비자를 맞이하는 아울렛 매장"

"매장을 나서는 소비자에게 재차 영수증 확인을 요구하는 대형마트 업체의 민낯"

"가격비교 견적만으로 계약 당사자의 의사 판단을 흐리게 하는 법인영업 현장"

"지역, 학교, 모임 등 인맥을 거들먹거리며 협상의 본질을 흐리는 영업인의 자세"

"타결 직전의 영업계약의 흐름을 벼랑 끝 전술로 몰고가며 주도권 싸움을 유도하는 행태"

왜 우리는 이런 얄팍한 상술에 빠져서 헤어나지 못하는가?

이런 격이 떨어진 상술로 한 두 번 Market과 영업협상 테이블을 리딩하게 되면 빛바랜 오만함만으로 가득찬 의식이 우리를 지배하게 된다. 당장의 이익에 집중, 먼 시야를 향하는 안목을 잃어버리는 근시안에 빠져들게 된다.

모 제약회사가 매스컴에 홍보문안을 실었다. 주식시장을 이용해서 회사의 지명도를 높이고자 했다. 특정일자의 제약회사들의 주식시세가 홍보자료로 실렸다. 자사의 주식시세는 특정일자의 시세가 아니라 당해 년도 최고시세로 실었다. 전문가라 하더라도 실제적인 내용과 홍보내용을 비교 분석하기가 쉽지 않아 보였다. 한 펀드매니저가 이 내용을 간파하게 되었다. 사과와 함께 정정보도를 공식 요청했다. 회사의 대응은 생각 이상으로 완강했다. Visual 개념의 홍보물이라 아무 문제가 없다고 했다. 잘못을 인정하고 시인하는 데 까지는 오래 걸리지 않았다. 버티는 것만이 능사가 아님을 알았기 때문이다. 사실에 근거한 내용을 공식광고로 내보냈다.

세상에 진실은 감출 수가 없음을 알게 되었다. 꼼수로 잠시 사람들을 현혹시킬 수는 있어도 오래 갈 수 없음이 드러났다. 얄팍한 상술로 세상과 마주하는 일은 두려운 일임도 감지했다. 얄팍한 상술은 가까이해서는 안 되는 존재임을 확신했다. Market에 진입할 때 상술도 재삼 재사 되돌아보아야 함을 인지했다. 상술을 포기하자 메이저 제약회사로의 새로운 길이 열렸다.

이제 상술에서 멀어져야 한다. 무색 무취한 독성이 거의 없는 상술도 버려야 한다. 순백의 상술까지 버려야 얄팍하고 지저분한 상술로 넘어가지 않게 된다. 상내방을 속이고 내 이익에만 역량을 집중하는 일은 과감하게 벗어 던져야 한다.

우리는 이제 영업이 가져다 주는 원형의 가치에 집중해야 한다. 제품과 서비스로 도움을 주고 도움을 받는 양자 논리로 돌아가야 한다. 물리학의 핵심이론인 양자역학의 해석 불가능한 이론을 접목하자는 것이 아니다. 단순 판매자와 구매자의 역할과 책임을 순수하게 재정립해 보자는 것이다. 이는 도움과 도움, 도움과 믿음, 믿음과 믿음의 양자역학으로 풀어 나가야 한다. 영업이 상술, 얄팍한 상술에서 벗어날 때 세상이 새롭게 밝음으로 재탄생됨을 보게 될 것이다. 그 여명이 이제 코앞에 다가와 있다.

✎ 1분 리뷰

: 자의적으로 실행했던 상술의 모습에는 어떤 내용이 있었는가?

공짜로 Sales(영업) 뼈대 굳히기

　　공짜의 사전적 해석은 "힘이나 돈을 들이지 않고 거저 얻는 물건이나 대가"이다. 아무런 노력이나 대가 없이 생기는 무엇에 영업이 결부되면 어떤 모습으로 비추어 질까? 힘들고 어려운 일일수록 거저먹는 방법이 있다면 물불 안 가리고 뛰어드는 게 인지상정일 것이다. 손쉽게 결과물을 얻는 것은 효율이라는 저울로만 따진다면 최고의 작품이 된다. 이는 어느 분야에도 적용되는 실용적인 방법론일 것이다. 단판으로 끝날지 지속적인 이어짐으로 연결되는 효과적인 개념으로 발전할지는 오롯이 본인의 몫이다.

"그렇게 노력만 한다고 영업이 되는 세상이 아니다, 명심해라!"

"앉아서 영업하는 것이 진짜 고수가 펼치는 영업이야. 어렵게 하는 영업은 하수다!"

"세상은 서로 상부상조하는 거 잘 알잖아! 주변을 잘 이용하라구."

"A기업 벤치마킹하면 되잖아! 돈 안 들이고 잘만 써먹으면 거저먹을 수 있겠다!"

"야, 시간 끌지 말고 밑밥 좀 깔아봐! 물기만 하면 계약은 자동으로 따라올 테니까!"

"세상에 약점 없는 놈이 어디 있나! 그거 이용하면 한 방에 끝난다!"

오래전 정통으로 영업을 배우고 일해 온 사람들에게는 간혹 주변에서 보여 지던 작은 일탈의 순간으로 다가올 수 있는 모습이다. 지금의 시각으로 바라보면 영업 같지도 않은 일이 더 일반화되어 있었기에 이런 자잘한 상술은 지나가는 해프닝으로 여겨졌다.

사는 게 핍박하고 넉넉지 않았기에 팔아야 할 물건도 변변치 못했던 시절 "책"을 팔아야 했던 사람이 있었다. 한 두 권 책을 팔아서는 먹고 살기 힘들었기에 대형 전집 내지는 백과사전을 팔아 보기로 한다. 입에 풀칠하기가 급급했던 당시 책을 가까이하는 것은 그래도 살만한 사람들이 간혹 곁눈질로 여가를 즐기는 정도였다. 10권·20권짜리 전집을 구매하고 백과사전을 사서 비치하는 것은 아무나 할 수 있는 일이 아니었다. 고가의 브리테니커 백과사전을 판다고 이야기하자 사람들은 정신병자라고 비아냥거리기 시작했다. 물러설 수 없는 한 판의 승부가 시작되었다.

"그래, 좋다! 누가 죽나 끝까지 가보자!"
"아침에 집에서 나오는 시간은 정해져 있었지만 집에 들어가는 시간은
    고정되지 않았다!"
"마지막 한 집 더."

무계획적이고 무모한 자신과의 싸움이 계속되었다. 누구에게 추천할 만한, 전략이라고 말하기도 낯뜨거운 실행이었지만 적어도 앉아

서 날로 먹는 거지근성의 공짜 개념은 철저히 배제하였다! 내 몸으로 내가 할 수 있는 한계까지 밀고 나갔다. 세상을 향한 몸부림이 조금씩 먹히기 시작했다.

"저놈은 적어도 거저먹고 나 몰라라 하는 놈은 아니지."
"세상 무서움을 알고 덤비는 놈은 공짜로 인생을 날리지는 않지!"

세상이 바뀌었다. 더욱 매몰차게 바뀌어 가고 있다. 자고 나면 어제의 이론은 죽어 있고 새로운 논쟁으로 하루를 시작한다. 세상이 변해가도 이 영업인의 자세는 흐트러짐이 없었다.

오늘은 누구를 만나야 하고 누구에게 이 고통을 펼쳐 보여야 하는가? 오로지 발품을 팔며 영업을 했던 구닥다리 영업인은 지금 없다.

한때 영업의 대가로 불려지기도 했었다. 방법론으로는 별로 탐탁한 내용이 아니다. 그래도 공짜로 날로 먹는 치졸한 짓은 하지 않았다. 주변에서 지인을 포함 인맥을 거들먹이며 실적을 올려도 그 근처는 아예 담을 쌓았다. 어떤 일을 하든지 쉬운 길이 보이면 가다 가도 선회해서 그 길로 들어서는 것이 일반적인 관행이다. 그 일이 영업이라면 더더욱 선회 속도가 빨라질 수 있다. 영업인이라면 이때 냉철한 판단을 내려야 한다. 쉬운 일과 공짜로 거저 먹는 일은 엄연히 다르다. 손 안 대고 코 풀고 상위에 숟가락 하나 더 얹는 일은 지양해야 한다.

영업에 공짜의 개념은 전혀 존재할 수 없고 다가가서는 안 되는 영역일까?

아니다. 영업에도 공짜의 영역은 분명히 존재하고 있다. 이 공짜의 개념과 영역을 어떻게 해석하고 받아들여야 하느냐가 문제이다. 우리네 생활에 깊숙이 들어와 있어 쉽게 등을 돌릴 수 없는 생활공간이 있다. 대형마트로, 이마트, 롯데마트, 홈플러스 등이다. 엄청난 매출도 경이롭지만 영업이익률도 상당해서 절대 포기할 수 없는 사업으로 자리잡았다. 매장 수는 이들과 비교해 상대가 안 되지만 실제 가장 큰 돈을 버는 마트는 코스트코이다. 우리나라 마트 3인방은 이 상황을 앉아서 지켜만 볼 수는 없었다.

L마트가 가장 먼저 도전의 칼을 뽑았다. 코스트코의 시스템을 일부 모방해서 "V마켓"이라는 또 다른 유형의 마트를 선보였다. 혁신의 의도는 훌륭했으나 운영의 묘를 전혀 살리지 못했다. 시스템 체계는 유사해도 소비자에게 도움이 되는 부분에 포커스를 맞추어야 하는데 아니었다. 그저 코스트코의 눈에 띄는 장점만 골라서 잘 포장한 상태를 유지하고 있었다. 푸드코트 부분이 유난히 같은 맥락을 유지하고 있었다. 먹거리 종류, 음료, 쿠킹시간, 재료 등 거의가 유사한 수준이었다. 문제는 여기서부터 불거졌다. 코스트코 푸드코트의 대표메뉴는 피자이다. 실제 이 피자는 미국의 스펙에 따라 만들어져서 우리나라 입맛에는 너무 짜게 느껴졌다. 막 구워졌을 때 한 조각 먹는 정도로 받아들여지고 있었다. 식은 다음에는 정말 짜서 먹을 수가 없는 정도임을 모두가 인지하고 있었다. 이를 V마켓이 그대로 답습해서 자체 푸드코트에 선을 보였다. 우리나라 소비자들은 짠 맛을 줄이는 스펙을 사용하고 도우가 조금 더 바싹 구워지는 것을 원했으나 못 들은 체 외

면하고 코스트코의 스펙을 고집했다. 회원제 성격의 창고형 V마켓은
초반의 반짝 회원 유치에 성공했을 뿐 그 이후는 속도를 낼 수 없는
정체 상태에 빠졌다. 손 안 대고 날로 먹는 공짜 개념에 빠진 것이다.

살 수 있는 혁신의 방향성이 있는데 이를 외면하는 이유가 자못
궁금했다. 뼈 있는 조언을 서슴치 않았던 사람들도 등을 돌렸다. 마트
이름만 다시 바꾸는 작업이 이어지고 있다. 그래도 살기 위해 공짜개념
에서 벗어나려는 움직임이 보이고 있다. 쓴 소리를 귀담아듣는 구성원
들이 많아지고 있는 것은 고무적인 현상으로 보여 진다. 공짜의 환상에
서 벗어나 새로운 도약이 이루어지는 사례로 남기를 지켜보기로 한다.

세상에 공짜는 없다. 설사 공짜로 가는 길이 있다면 정당한 대가
를 치러야 한다. 스스로 공짜로 가는 길을 만든다면 이는 환영할 만한
일이다.

투자회사들은 유능한 애널리스트들을 보유하고 있다. 이들이 써
내는 Report의 신뢰도에 따라 투자자 및 투자금액이 뒤따르게 된다.
지난날 하고는 환경과 여건이 많이 달라지고 개선이 되어 살아 숨쉬
는 Report들이 많이 보이고 있는 것은 대단히 반가운 일이다. 대내,
대외 어느 용도 이건 투자용 Report는 수치만으로 나열되는 숫자판화
되어서는 안 된다. 그 숫자 이면에 내포되어 있는 숨겨진 내용이 적나
라하게 펼쳐져야 진정한 Report가 된다. 이런 살아 있는 내용을 쓰기
위해서는 Desk에 앉아서 남의 이야기를 짜깁기하는 정도로는 불가능
한 일이다. 발로 뛰며 신뢰도를 높인 Report를 만들어 내기 위해 노력
하는 애널리스트들에게 경의를 표하는 것은 당연한 일이다.

이런 눈물겨운 노력 저편으로 아직까지 공짜의 그림자가 보이고 있는 것은 심히 괴로운 일이다. KTX를 타고 두 시간 조금 넘는 시간이면 전국 어디라도 갈 수 있는 세상이 되었는데 아직도 세간의 떠도는 이야기로 세상에 맞서는 일은 그만 자제해야 한다. 공짜로 세상을 날로 먹는 일은 멈추어야 한다.

지난날 영업을 날로 먹었던 적이 있었던 것은 분명하다. 지금 시점에 그런 영업을 하는 사람은 없을 것이고 없어야 한다. 영업을 날로 먹으면 체하게 된다. 날로 먹고 체하면 약도 없다.

날로 먹어도 탈이 없는 영업을 스스로 가꾸어야 한다. 이 스스로 만들어낸 방법론이 진정한 공짜 개념으로 자리를 잡아야 한다.

공짜의 개념이 바뀌어야 한다. 영업에서의 공짜개념은 더더욱 바뀌어야 한다. 앉아 있어도 누군가 이름만 듣고 거래를 해주기를 바라는 일은 없어야 한다. 인맥과 환경을 들먹이며 영업으로 다가가는 일은 없어야 한다. 얄팍한 상술로 입에 거품을 물며 꼬리 물게 하는 공짜영업은 사라져야 한다. 조금 더 과감하고 자신 있는 영업을 보여야 할 때이다.

오늘은 A제품을 팔고, 내일은 B상품을 팔고, 모레는 C제품을 파는 쇼호스트보다는 오늘 A상품을 판 이후로 본 쇼호스트는 한 달 후 새로운 상품으로 소비자분들을 만나겠다고 약속하는 쇼호스트가 나타나기를 기대해 본다. 한 달간 예고된 상품을 사용해 보고 본인이 느낀 점을 바탕으로 소비자와 만날 준비를 하는 쇼호스트로, 근거 없이 남의 이야기만 떠드는 장사꾼이 아닌 진정한 장돌뱅이로 소비자에게 도움을 줄 수 있는 만남이 만개하기를 기다려 보자!

적어도 공짜로 소비자의 밥을 축내는 영업은 하지 않겠다는 약속이 많아지기를 기대해 본다!

공짜 영업은 지금 당장은 존재하지 않는다. 현장을 직시하고 지배하는 영업인은 공짜영업을 만들어 갈 수 있고 만들어야 한다. 영업을 있는 그대로 보고 포장 없이 받아들일 때 가능하다.

이제 그 명제를 실천에 옮겨야 할 때이다. 신선한 영업으로 세상을, 영업 현장을 강하게 이끌어야 할 때이다.

"영업 날로 회쳐먹기"

✎ 1분 리뷰

: 세상을 날로 먹는 방법론에 대해서 본인의 의견을 제시해 보자!

Sales(영업)의 정석

Sales(영업)를 어떻게 설명하고 받아들여야 하는지에 대해서는 많은 전문가의 도움과 기존의 이론서를 통해 일정 부분 Basic은 구축되어 있다. 이제 이를 현실적으로 풀어나가는 System이 구축되어야 하는데 나열되어 있는 내용을 꿰어 맞추는 수준에 머물러 있다. 아직까지 주관적인 관점의 맥락이 영업을 아우르고 있어 객관적이고 공감대가 형성되어 있는 의견의 집대성은 보이지 않고 있다. 영업의 정석을 단적으로 이야기하기에는 아직도 시간이 요구된다고 보아야 한다. 새로운 시각을 과감하게 접목해야 하는 이유이다.

"처음 영업 시작은 어떻게 출발해야 하나요?"

"영업 뭐 별거 있어 그냥 열심히 다니세요!"

"영업에 입문하는 데에 도움이 되는 책은 없나요?"

"책방에 가면 많아, 아무거나 한 권 사서 읽어 보게나!"

"선생님처럼 하면 훌륭한 영업실적을 올릴 수 있나요?"

"머 딱히 그런 건 아니고 내가 집중한 거 잘 따라 해 보세요!"

"영업의 자신감은 어디에서 찾아야 하는지 알려주세요?"

"자신감이 없으면 영업은 애초에 그만두는 게 좋을 겁니다!"

영업에 관련되어 주변에서 듣게 되는 아주 평범하고 일상적인 내용들이다. 새로운 도전을 함에 있어 누군가에게 도움을 받고 싶고 막연하게 의존하게 되는 것이 인간의 속성이다. 영업이라는 까칠한 일을 하고자 하는 사람들이라면 더욱 이런 절실함을 가지게 된다. 기본적으로 어떤 자세로 영업에 임해야 하는 가에 대한 명확함이 있어야 영업 시작의 갈등을 최소화할 수 있다. 영업을 어떻게 바라볼 것인지 영업인으로서의 감각을 정리해 본다!

첫째, 영업인은 Creator의 정신이 깃들어 있어야 한다!

한 가지 예를 들어서 설명을 하고자 한다. 영업인이 회사의 출장이든 개인적인 여행이든 싱가포르를 방문하게 되었다. 우연한 기회에 자사제품과 유사한 제품박람회가 열리고 있는 것을 알게 되고 방문하게 된다. 유럽의 한 두 가지 제품들이 자사제품 보다 앞서가는 기술이 장착됨을 알게 된다. 과감하게 몇 가지 제품구매와 함께 연락처를 습득하게 된다. 회사에 돌아와서 구입한 제품을 R&D 부서에 제시하게 된다. R&D 부서의 경악스런 모습과 함께 우리도 비슷한 제품을 시험 중에 있음을 알게 된다. 회사 기밀이기에 아직 영업현장에서의 노출은 하지 말도록 당부받는다.

누구나 출장은 갈 수 있고 열려 있는 해외여행으로 어디든지 방문할 수 있다. 박람회장 구경도 자의로 얼마든지 가능하다. 그래도 제품구매와 연락처 습득은 그리 쉬운 일이 아니다. 영업인은 항상 새로움에 가감 없이 다가가야 한다. Creator 정신은 어떤 기술적인 새로운 개발만을 의미하지는 않는다. 새로운 환경, 여건, 분위기에 직접 뛰어들 수 있는 기회를 만드는 것이다. 이런 Creator 정신은 현장을 누비는 영업인에게 가장 유리한 조건을 만들어 준다. 언제 어디서라도 새로움을 지나치지 않는 마음이 열려 있는 영업인을 길러내야만 한다.

둘째, 영업인은 Pioneer 자세가 필요하다!
우연찮게 습득하게 된 기술 우위의 제품을 기존 거래처에 내놓게 되다.

"아니 귀사에서 이런 제품까지 출시되고 있습니까?"
"아닙니다. 본 제품은 제가 해외박람회에서 직접 구매한 해외기업 제품입니다."
"우리가 바라던 제품이 바로 이런 제품인데 이거 구매가 가능합니까?"
"그럴 거 같아서 제가 샘플제품과 해외구매처 연락 네트워크를 가지고 왔습니다!"
"아이고! 감사합니다! 정말 저희가 접촉해서 구매해도 괜찮을런지요!"
"전혀 상관없습니다! 필요하시면 언제라도 연락해서 상담해 보시기 바랍니다."
"그러면 당분간 귀사와의 구매계약은 stop될 수도 있고, 고충이 따를 텐데요!"
"이미 각오하고 말씀드리게 된 사항입니다. 개의치 않으셔도 됩니다!"

새로운 도전은 항상 다양한 저항에 부딪치게 된다. 개인적인 내적인 저항과 기업조직과 영업의 대·내외적인 외형적인 저항이 존재한다. 개인적인 저항이야 스스로 통제하면 되지만 외형적인 저항은 컨트롤이 쉽지 않다. 본의 아니게 조직의 흐름에 맞추어야 하는 경우가 가장 큰 걸림돌이다. 영업인은 이를 잘 조율할 줄 알아야 한다. 무조건 내 주장을 밀고 나가는 것은 결코 바람직하지 않다. Pioneer의 선구자적인 역할과 행동이 필요하나 마찰은 최대한 자제해야 한다. Pioneer는 아무나 하는 것이 아니다. 선구자적인 역할과 행동은 살아 있는 영업인의 헤쳐 나가야 하는 절체절명의 새로운 좌표이다.

셋째, Planner의 모습이 영업인에게서 보여야 한다!

영업의 궁극적인 목표는 잘 계획된 스케줄에 따라 확실한 Output을 일구어 내는 것이다. 조직 내에서, 업계에서 인정받는 영업인은 계획을 제대로 실천에 옮겨가는 일에 능숙하다. 계획을 세워서 무리 없이 이끌어 가는 Planner의 자세가 영업인에게서 보여져야 한다.

"1/4분기 계획 실천이 1년 농사를 좌우합니다. 잘 진행되고 있나요?"
"큰 문제없이 잘 굴러가고 있습니다! 오차 범위 내에서 움직여 나가도록 하겠습니다."
"전년 동 분기 대비 양호한 모습입니다. 차질 없도록 신경써주시기 부탁드립니다!"

"경기 흐름만 이변이 없으면 계획 달성에는 자신 있습니다!"
"올해가 우리회사의 제2차 성장기의 마무리 시점입니다. 계획 달성에 매
진합시다."
"계획달성에 Over-phase가 일어나지 않도록 최대한 주의 하겠습니다!"

자사 내부적인 계획은 철두철미하게 잘 커버하고 있는 모습이다.
미래지향적인 영업인의 모습은 지금의 이 상태에서 탈피해야 한다는
것이다. 자기 계획만 잘 세우고 실천에 옮기는 영업인은 단지 Seller일
뿐이기 때문이다. 진정한 영업인은 Seller에서 벗어 날 때 그 진가가
드러나게 된다.

"지난번 구매한 부품으로 출시된 완제품이 시장에서 반응은 어느 정도 입
니까?"
"신기술이 장착되어서 인지 기존 매출대비 10% up된 상황입니다."
"제품 앞부분의 색상을 블랙에서 화이트로 바꾸면 또 다른 매출 10% 상
승 가능합니다!"
"아! 좋은 생각입니다! 더불어 개폐기능 이중장치 덧붙여 주실 수 있는 부
품 가능할까요?"
"네, 개발실에 건의해 보겠습니다. 이 계획도 5% 이상의 매출 상승효과
기대됩니다."
"매번 새로운 계획안을 제출해 주셔서 감사할 따름입니다!"

영업으로 실적을 내고 나 혼자 살던 시대는 이미 지나갔다. 상대 방도 꾸준히 좋은 실적을 내고 공생의 모습을 보이도록 가이드 하는 것이 영업인의 진정한 모습이다. 내 계획만 잘 세우고 풀어나가는 영업인에서 한 걸음 더 나아가는 상대방의 계획도 세워주는 Planner의 자세가 영업인에게서 보여져야 한다.

넷째, 단순 Output이 아닌 꾸준한 실적을 만들어 내는 Marketer가 되어야 한다!

일련의 힘든 과정을 거쳐 매출을 일으키고 이익을 창출해 내는 것이 영업인의 궁극적인 목표임은 모두가 다 알고 있는 사실이다. 이런 사실을 인지하고는 있지만 실천으로 옮겨지는 행위 또한 녹록지 않은 것도 사실이다. 일회성의 단순한 결과물을 만들어 내는 것이라면 독단적으로 움직여서 실적을 손에 쥐는 방향성을 견지하면 된다. 다음 결과를 그려 볼 필요가 없기 때문에 한 번에 올인하는 방법론을 쓰면 그만이다. 단 한 번의 기회를 살리는 것 또한 쉬운 일이 아니지만 연속성을 가지고 Output을 일구어 내는 일은 생각 이상으로 고통스러운 작업이다.

이제 영업인은 진정한 Marketer가 되어야 한다. 한해살이 잡초가 아닌 굳건하게 깊은 뿌리를 내리는 거목으로 나아가기 위해 한 해 반짝 실적을 내고 사라지는 장사 양아치에서 벗어나야 한다. 자기 자신의 성장과 조직의 발전은 뒤로 한 채 눈앞에 보이는 이익을 위해 뛰어 다니는 메뚜기가 되어서는 안 된다는 이야기이다. 매해 꾸준히 성장해 가는 모습이 청사진으로 만들어져야 하며 이를 실천하기 위한 세부적인 실행 조항이 준비되어야 한다.

올해 A기업에서 좋은 실적으로 이득을 챙기고 다음 해에는 B라는 기업에서 출중한 매출로 또 다른 이익만 챙기면 다라고 생각할 수도 있다. 물론 그리하면 안 된다는 법칙은 없다. 우리의 생활 반경은 의외로 좁다. 언제 어디서 과거의 흐름을 같이 했던 구성원을 만날지는 아무도 모르는 일이다. 이익만 먹고 튀는 철새로 각인되는 인생을 살 것인지 성과를 이어가는 진정한 Marketer로 살아갈 것인지는 본인이 결정할 문제이다.

다섯째, 개인적인 사심을 펼치는 사람보다는 도움을 주는 Helper로 각인되어야 한다!

처음 영업직무로 일을 시작하게 되면 필연적으로 만나게 되는 복병이 있다. 주변의 따가운 시선이다. 그저 열심히 일해 보고자 하는 취지로 친인척 대소사, 여러 모임에 참석하게 되고 명함을 돌리는 순간 싸늘한 반응을 직감하게 된다. 이런 반응에 대해 불편해야 할 이유가 없다. 내가 바로 이전에 영업하는 친구를 만나면 보였던 반응 아니던가! 왜 영업을 하는 사람을 만나면 이런 반응을 보일 수밖에 없는지 우리는 많은 경험을 통해 알고 있다. 굳이 일일이 설명을 하고 싶지 않았을 뿐이다.

"친구야! 한 번만 더 도와주라! 이번 달 실적 꽝이다, 부탁한다!"

"야! 지난 달에도 계약 한 건 도와줬잖아! 너만 보면 속이 울렁거려!"

"작은아버지, 정말 이러실 거예요! 명절 때 집에 오실거 잖아요! 도와주세요!"

"임마, 내가 봉이냐, 계약 힘들면 찾아와서 객기나 부리고, 그만 하자, 이제!"

"선배님 이번 건 부탁드립니다! 이거 안 되면 이번 승진 누락됩니다!"

"너 승진 안 되는 걸 왜 나한테 붙여서 곤란하게 만드냐! 이번은 안 돼!"

"김 사장님! 나한테 이러시면 안 되는 거 아시죠, 10년 거래 관계 아닙
니까!"

"너야 말로 나한테 이러면 안 되지! 지난달 우유재고 창고에 그대로 있
어, 미치겠다!"

영업에 관련되어 주변에서 듣게 되는 아주 평범한 대화의 일부분
이다. 모두가 영업직원이 부탁하는 내용으로 전개되고 있다. 물론 모
든 영업직원들이 이에 해당하지는 않지만 대다수가 이런 경험에 둘러
싸여 있다. 영업 일을 하게 되면 왜 이런 일에 빠지게 되고 싫은 소리
를 듣게 되는가?

이제 해야 할 일이 눈앞에 또렷하게 보이기 시작했다. 영업인은 부탁하
는 사람이 아니다. 영업인은 누구에게나 두움을 주는 사람임을 스스로
증명해야 한다. 계약과 제품만으로 상대방에게 호감을 주는 일은 극히
일부일 뿐이다.

세상만사 마음만 먹으면 도움을 줄 수 있는 부분은 사방에 지천으로 깔려 있다. 현장에서 이를 현실화하고 컨트롤하는 것이 영업인이 할 일이다. 영업인이 Helper로 거듭나는 계기가 지금 만들어지고 있다.

✍ 1분 리뷰

: 형식적인 카테고리에서 벗어나서 영업의 기본을 정리해 보자!

Sales(영업) 문을 여는 열쇠 꾸러미

(Market을 Leading하는 자신감 정립)

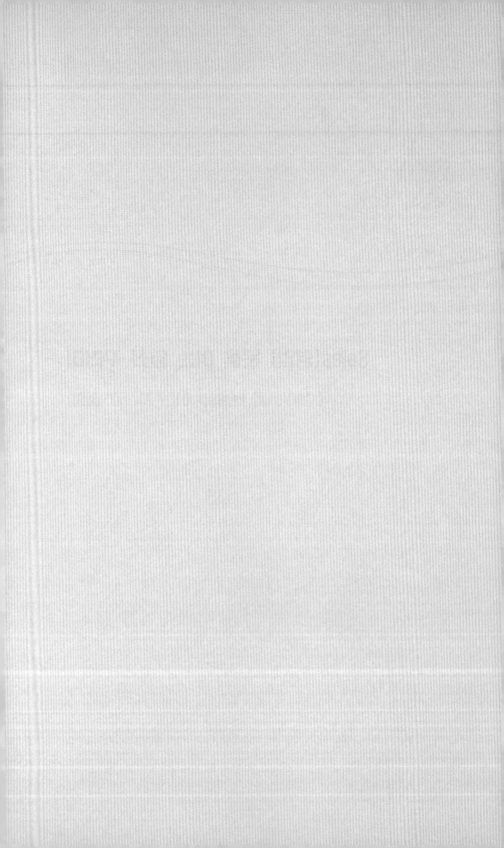

Sales(영업) 오해와 진실

    평생 일을 하지 않고 살아가는 사람이 세상에 과연 얼마나 되는 지는 정확한 통계수치가 존재하지 않아 알 수가 없다. 미루어 짐작하 건대 그리 많지 않음을 예단하게 된다. 어떤 방법으로든 먹고사는 문 제를 해결하기 위해서 사람들은 직업을 가지게 되고 이런 수단을 통 해 금전적인 이득을 취하고 이를 바탕으로 살아가는 동력을 가동하게 된다. 경제활동을 영위하는 방편으로 직업을 선택하게 되는데 언제나 후 순위로 밀려나는 직업이 영업직무군이다. 언제부터 이런 현상이 우 리에게 고착화되었는지는 별도의 설명이 없더라도 가시적으로 보여지 는 현상에서 직감적으로 느끼게 된다.

    사회생활 초년생들이 자진해서 영업의 틀로 들어서는 경우는 지 극히 드물다. 예나 지금이나 영업이란 직무는 환영을 받는 직업은 아 니다. 일을 찾는 과정에 잠시 잠깐 정거장 개념으로 다가갈 수 있는 직무로 생각하는 것이 일반적인 관점이다. 일은 해야 하겠고, 돈은 벌 어야 하고 능력이 기준치에 못 미친다고 느꼈을 때 전문지식 없이 나 설 수 있는 손쉬운 일로 받아들여지고 있다. '개나 소나 다 할 수 있는 일로 필요할 때 구인공고를 내면 어렵지 않게 사람을 구해서 쓸 수 있 다'라는 의식이 사회 전반에 짙게 깔려 있다. 전공 불문 일할 수 있는 기회를 준다는 달콤한 유혹의 손길에 많은 사람들의 반응이 예사롭지 않다.

영업은 아무나 해도 된다.

영업은 아무나 할 수 있다.

영업은 누구나 성공할 수 없다.

영업은 누구나 하면 안 된다.

어떤 말이 옳고 어떤 내용이 진실인가? 살아가기 위해 일을 해야
한다는 사실은 진리이다.

노동의 대가로 돈을 번다는 명제 또한 변함이 없다. 생존의 방법
론으로 다가서면 수만 가지 갈래길이 나타나게 된다. 어느 길을 선택
할지는 전적으로 본인의 몫이지만 그리 쉬운 작업이 아니다. 이왕이면
쉬운 길로 들어서고 싶은 게 사람의 마음이다. 어렵고 힘든 일 보다는
쉽고 편안하게 돈을 벌고자 한다.

이때 케케묵은 장벽이 우리 앞에 다가선다.

"직업에는 귀천이 없다!"

이 진실게임에 사실 규명을 자신 있게 할 수 있는 사람이 몇 명
이나 있겠는가? 대다수의 사람들은 이 말귀에 대해 관심도 없고 생각
도 하지 않고 있다. 이 장벽에 대해 사심 없이 이야기할 수 있는 부류
는 아주 소수이다.

개인적인 차이는 있을 수 있겠으나 사회 통념상으로 Grade가 높
은 직군에 속한 사람들은 직업에 귀천이 존재함을 묵시적으로 인정하

는 경향이 있다. 귀한 직업은 언제나 있어 왔고 힘 있는 사람들이 차지하는 것으로 일갈하고 있다. 천한 직업은 노력을 하지 않았거나 능력이 모자라서 일하는데 어려움을 겪는 자들의 몫이라고 힘주어 말하고 있다.

반면에 열악한 환경에서 일하는 사람들은 쌍수를 들어 환영하는 말이다. 어떤 일이든 일할 수 있는 여건이 조성된 것에 대해 감사하게 생각하며 일을 한다. 부익부 빈익빈 개념이 더 강하게 와서 부딪히는 상황이 펼쳐지고 있다. 지금으로서는 '직업에 귀천이 없다'라는 의식세계는 존재하지 않는다. 그런 여건이 성숙되는 방향으로 움직여 가는 것 또한 맞다.

의대정원을 한시적으로 늘린다고 하자 전국이 벌집 쑤신 듯 시끄러워졌다. 휴학을 하고, 지방으로 이동해서라도 의대에 들어가려는 움직임이 시작됐다. 판·검사, 변호사로 지칭되는 법조인 정원을 늘렸을 때와 유사한 광풍이 불고 있다.

현실적으로 있는 그대로 들여다보자. 이런 현상을 보고도 '직업에 귀천이 없다'라고 하는 이야기가 나오겠는가? 직업에 귀천은 당연히 존재하는데 귀한 직업의 개념이 바뀌고 있다. 귀한 직업이란 사회가 인정하는 위풍당당한 직업이 아닌 돈 많이 버는 직업이다. 이를 부인하는 사람은 아마 한 사람도 없을 것이다. 거부 반응을 보이는 사람이 있다면 산속에 들어가 혼자 모글 뜯는 기인으로 살이야 힌다. 배급주의가 더욱 기승을 부리는 쪽으로 고속 진행을 하고 있다. 너무 과속으로 질주하는 것은 사고 방지를 위해 막아야 하겠지만 흐름을 거스를 수는 없다.

이제 세상이 조금 더 명료하게 보이기 시작했다. 돈을 많이 벌어야 하는 상황을 조금 더 확대해서 살펴보자. 의사, 변호사가 돈 많이 벌던 시대는 이미 지나 갔다. 단순 주식시장이 아니라 금융시장 환경이 무한대로 영역을 넓혀가며 기회를 주고 있다. 선물 옵션 등 파생상품 시장, 해외 금융시장, 코인시장, 부동산, 여타 투자시장 확대 등 말이다.

최근 흔히 꼰대로 지칭되는 왕년의 방법론은 접어두고 새로운 흐름을 리딩해야 한다. 아직도 법조인이 되고 의사가 되려는 사람은 그 길로 나가면 된다. 세상이 바뀌어 감을 몸으로 느끼는 사람은 이 순간을 절호의 기회로 삼아야 한다. 기회는 알려 주면서 다가오는 것이 아니기에 선점하는 사람의 몫으로 기울여 진다.

세상은 알 수 없는 Chaos(혼돈)의 결정체이다. 혼돈은 항상 엉뚱한 새로운 질서를 만들어 준다. 아직은 너무 이른 감이 있고, 정말로 만약에 라는 단서가 붙는 조건하에서 1년에 국가 공인의 자격시험을 거쳐 영업활동을 할 수 있는 Salesman을 1000명만 선발한다면 어떤 광란이 일어나겠는가? 공상가의 망상으로 보여질 수도 있으나 세상이 영업을 구심점으로 재편되는 과정임을 피부로 느끼는 사람은 전율이 돋을 것이다.

영업에 대한 오해를 풀고 새로운 진실게임에 임해야 하는 시간이다.

영업은 아무나 하면 되는 게 아니었다. 영업은 아무나 할 수 있는 일이 아니었다. 영업은 생존의 가능성에 초점을 맞춘 사람이 나서면 살아남을 확률이 높다. 영업은 자기의식이 정리된 사람이 도전하면 성공 가능성이 배가 된다.

직업의 귀천을 따지고 일을 하던 시대는 지나갔다. 남을 의식하고 주변의 눈치를 살피며 살던 시대도 지나갔다. 내 인생은 내가 살아갈 뿐이다.

영업으로 먹고 살았고, 지금도 영업으로 살아가고 있다면 향후 펼쳐질 세상을 리딩해야 할 중책이 귀하의 어깨에 걸쳐 있음을 주목하자.

영업이 세상의 중심으로 들어온다고 해서 비영업 분야에서 노력하는 분들이 다 영업분야로 뛰어들기를 종용하는 것은 절대 아니다. 그 분들은 자기 분야에서 새로운 흐름이 다가오기를 기다릴 줄도 알아야 한다. 세상은 순환의 움직임 속에서 분주하게 돌아가기 때문이다!

✍ 1분 리뷰

: 진정한 영업의 방향성을 본인의 일에 맞추어 재정립해 보자!

Sales(영업) 인지부조화

왜 인테리어, 가구업계는 스스로 혹한기에서 빠져나오지 못하는가!

한샘을 필두로 인테리어 가구업계 전체가 이익이 급감하는 어려운 상황에 직면해 있다. 매출은 어느 정도 이어지고는 있으나 순이익은 눈앞에서 멀어지고 있는 게 명확하게 나타나고 있다. 물론 한 두 업체는 그래도 선방을 하며 이익을 내고는 있으나 지속적으로 앞으로 나아가게 될지는 장담을 못하는 모습이다.

코로나 초창기에 반짝 반사이익을 본 이후로는 어려운 국면이 계속되고 있다. 다각도로 경영의 묘수를 찾아 백방의 노력을 경주하고 있으나 쉽게 헤쳐 나갈 수 있는 방법을 찾지 못하고 있다. 시간이 흘러가서 부동산 경기가 깨어나고 주택매매가 활성화되는 시점까지 그럭저럭 버티는 것만이 올바른 수순인 것처럼 받아들여지고 있다.

소비자의 마음을 끄는 신제품을 개발해서 출시해 보기도 한다. 매장을 리뉴얼해서 새로운 바람을 일으켜 보고자 노력도 한다. 모든 전략, 판매, 소비자 응대에 디지털 흐름을 확대하는 모습도 보인다. 리모델링 작업에 대한 무한책임의 서비스 정신도 제공한다고 선언하고 있다. 온라인 플랫폼을 적극적으로 활용하는 등 다양하게 매출창구를 넓혀 보기도 한다.

소비자와의 커뮤니티도 활짝 열어 교감을 불러일으키는 실험도 이어지고 있다. 멋진 디자인의 모습을 선보이고 소비자층을 더욱 세분화해서 새로운 시장을 열어 보려고도 하고 있다. 실시간으로 현장의 작업 흐름을 공유하는 기술도 접목하고 있다. 이도 저도 반응이 시큰둥 하자 일부 제품가격을 올려 어려움을 커버하고자 하는 모습도 목격되어 진다. 일시적인 가격할인 행사를 하고 사은품 증정도 해 보지만 뚜렷한 반등을 이끌어내는 데에는 역부족이다.

모든 방안이 피눈물 나는 노력으로 보인다. 그럼에도 불구하고 시장은 왜 냉랭하기만 한가? 산업계 전체가 힘든 터널을 지나고 있다고 사방에서 이야기하고 있기에 그러려니 하는 모양새로 일관하며 무거운 마음을 달래고 있다. 어찌 되었든 지금의 이 상황은 25년 만에 찾아온 천금 같은 기회임을 알아차려야 한다. 지금 이 시기야 말로 가장 도전적이고 야심차게 미래를 공략해야 할 시간이다. 인테리어 리모델링 가구업계도 마찬가지 맥락으로 이 기회를 쟁취해야만 한다. 이제 인테리어 가구업계 전체는 Market을 기존의 Category에서 끄집어내어 새로운 시각으로 재정립해야 한다. 동일한 경쟁자들과 동일한 시장을 두고 이전투구 하는 것은 자멸하는 길임을 깨달아야 한다.

이제 새로운 시장을 스스로 열어가는 방법론을 제시해 보고자 한다. 인테리어 가구업계의 진정한 모습부터 정리해 볼 필요가 있다. 소비자가 건축물을 리모델링하고 새로운 가구를 구매해서 배치하는 진정한 이유는 무엇일까? 인테리어 가구업체의 구성원들은 먼저 소비자의 상황을 심도 있게 헤아려 보아야 하는 것이 올바른 순서이다. 제품의 우수성, 독특한 디자인, 저렴한 가격, 오래된 Brand 가치만을 내세워 판매에 All-in 하는 것은 별로 바람직한 모습이 아니다. 리모델링과 퍼니처링을 하는 소비자의 가장 주된 목적은 자신이 새롭게 투자한 만큼 House의 가치를 높이고 싶은 것이다. 그저 멋있고 폼나는 Visual 개념으로 다가갔던 시대도 있었으나 이제는 자신이 열어가는 일에 대해 진정한 가치를 부여하는 시대가 되었다. 이런 새로운 Trend 시대를 살아가는 소비자들에게 단순히 판매만을 얹혀 Guide하는 것은 실망스러운 일일 수밖에 없다. 제대로 된 상황판단과 분석을 제공할 줄 아는 기업과 Salesman이 되어야 한다. 바로 Housing Value Consulting 으로 다가가야 한다는 것이다.

물론 소비자가 스스로 꼼꼼하게 계획을 세워서 실행에 옮기는 결정을 했을 것이다. 실행에 들어가기 전에 사전 점검을 통해서 시행착오를 줄일 수 있다면 이를 마다하는 소비자는 없을 것이다. 한 번 더 계획을 살펴보고 예산을 포함하는 금융문제를 아우를 수 있는 전문 가이드가 필요한 시점이 우리 앞에 전개되고 있는 것이다. 3D작업을 통한 리모델링 작업, 소비자의 의중을 최대한 반영하는 디자인 추출과정, 가장 효과적인 가구선택 방법론, 소비자와 상호 간의 의견을 최적화하는 마케팅 작업 그리고 금융과 가치 컨설팅까지 하루아침에 이루어지지 않는 심오한 연계작업이 필요한 것이다. 한 가지 장점만으로 소비자 마음을 어루만져주는 상술은 이제 과감하게 접어야 한다. Short-term이 아닌 Long-term의 시각으로 문제를 풀어나가야 하는 명제를 부여받게 된 것이다. 새로운 방향성이 새로운 시장을 여는 열쇠가

됨을 스스로 보게 될 것이다.

2023, 2024 연초 화두의 첫 번째는 AI였다. AI가 온 세상을 다 집어삼킬 것 같이 모두가 흥분하며 호들갑을 떨었다. Mass Media는 실시간으로 이런 흐름을 생중계하듯 우리에게 다가왔다. 제대로 된 검증도 없이 여론에 묻혀 반론도 펴지 못한 채 끌려왔다. 지금이라도 냉철하게 상황을 되돌아보아야 한다.

AI! 인공지능의 시대에 들어선 것은 이제 어느 누구도 부인하지 못하는 객관적인 사실이 되었다. 이런 객관적인 사실에 갇혀 우리가 간과한 것이 있다. 인공지능을 왜 활성화시켜야 하며 로봇산업을 더 발전시켜야 하는가에 대한 질문이다. 인류가 조금 더 편안하고 안정된 삶을 살기 위해 기술을 발전시키고 현실화시키는 과정이 AI로 표출되고 있는 것이다. 사람의 능력을 뛰어넘고 인류를 지배하는 AI 개발로 나아가는 것은 무모한 일이다. 기술혁신은 이룰지 몰라도 인류가 파멸되는 일을 망각해서는 안 되는 일이다. 인테리어 가구업계도 AI 흐름에 동승하는 모습을 보이고 있다. 일부 접목해서 기업과 소비자 모두가 긍정의 Signal을 보인다면 필요한 process로 볼 수 있다. 그렇다고 맹목적으로 AI의 흐름을 추종하는 일은 지양해야 한다. 최종적인 결정은 기계가 아닌 인간에 의해서 마무리되어야 함을 상기해야 한다. 이제 인테리어 가구업계가 산업체 전체를 대표해서 새로운 물꼬를 터야 한다. 바로 AI의 궁극적인 목표인 인류의 삶을 최적의 편안한 상태로 안착시킬 준비를 해야 한다. 기계 과학적인 만족감이 아니라 인간적인 삶의 질을 논할 때가 된 것이다.

바로 Humanism!이다. AI가 아닌 Humanism을 향해 질주를 시작할 때이다. 겉모습이 훌륭한 작업에 방점을 찍는 것이 아닌 인간의 내면을 충족시켜 주는 작업에 집중해야 하는 것이다. Humanism의 향기가 인테리어 가구업계에 스며들어야 한다. 쾌적하고 실용적인 공간을 만들고 시간과 자본을 투자한 결과를 인간적인 삶의 표본으로 완성시켜 가는 모습을 인테리어 가구업계가 선점하는 기회로 삼아야 한다. 새로운 Sector의 Market이 만들어지는 순간이다.

1인 100색 시대.

소비자의 욕구는 하루가 다르게 진화하고 폭넓게 약진해 가고 있다. 이런 욕망의 확산을 인테리어 가구업계는 어떻게 대응하고 준비해야 하는가? 잘 만들어진 최고의 상품을 겉포장 집중 포장으로 계약서에 OK사인만 받아내면 되는가? 빨리 계약하고 빨리 공사해서 빨리 보여주던 시대는 이미 지나갔다! 정확하고 명확한 결과를 제시하는 데에는 분명히 시간이 필요하다.

처음 계약 이전부터 소비자의 의중을 되도록 많이 알도록 노력해야 하고 이들에게 필요한 기초자료, 새로운 소재가 있는지 알아보아야 한다. 최적은 아니라 하더라도 결과물에 가슴 뿌듯한 감흥은 만들어내야 하는 시기이다. 정형화된 틀에서 똑같은 빵을 찍어 내듯이 인테리어 공사와 가구제품을 천편일률적으로 다루는 것에서 차원을 높여야 한다. 소비자의 개인 취향에 일부만이라도 접근되어지는 새로운

Tool을 제시할 줄 알아야 한다. 새로운 환경을 의식적으로 받아들이고 이를 주변과 공유하는 사고의 유연성을 보여야 할 때이다. 조직의 관련 부서끼리 담을 쌓는 폐쇄적인 전문화 조직에서 Open화된 융화의 조직으로 변해가고 있듯이 인테리어 가구업계 구성원들은 Specialist에서 Generalist로 움직여 나가야 한다. 새로운 Market은 시각을 아주 조금 바꾸었을 뿐인데 수십 배로 넓어질 수 있다.

　나 혼자 먹고 살던 시대는 이미 종말을 고했다. 신기술 개발로 독점적 지위를 누리며 시장을 장악했던 시절에는 모든 이익이 내 것인 것처럼 보였을 것이다. 누구와 이익을 나눌 이유도 그럴 필요도 없었다. 나만이 융성해지면 그만이던 시대였다. 이제 그런 독보적인 기술은 존재하지도 않고 그런 상황을 인위적으로 만들 필요도 없는 세상이 되었다. 힘이 있으면 있는 대로 힘이 없으면 없는 대로 살아갈 수 있는 다양한 Route가 우리 주변에 널부러져 있다. Collaboration. 협업의 시대가 펼쳐지고 있는 것이다. 내가 힘이 있으면 나누고 모자라면 상호 힘을 합치는 협업정신이 요구되는 시기이다. 지금까지의 협업은 초록은 동색이요, 가재는 게 편이며, 유유상종, 동병상련의 관점에서 추진되어 왔다. 폐쇄된 사고의 틈바구니에서 협업은 형식의 모습만 갖추고 있었을 뿐이다.

　이렇듯 협업이 어렵게 우리에게 다가온 것은 자신의 이익을 희생해야 함에 있어 거부감을 가지고 있었기 때문이다. 양손에 먹거리를 쥐고 더 맛있는 고기덩어리를 쥘 수 있는 방법은 없다. 새로운 고기를 얻기 위해서는 과감하게 한 손의 먹이를 내려놓고 새로운 고기를 쥐는 방법이 최선이다. 새로운 하나를 얻기 위해 기존의 기득권을 하나 내려놓아야 새로운 기회를 가지게 되는 것이다.

　우리는 희생을 잘 모르고 지내왔고 남들에게 희생을 강요하는 시대를 살아왔다. 작금의 인테리어 가구업계의 모습이 이러함을 부인할 수 있겠는가? 자기의 이익을 일부 내려놓고 누구하고도 협업의 논의를 할 수 있어야 한다. 이제 인테리어 가구업계의 새로운 길은 명료하게 나타나고 있다. 또 한 번의 Value(가치)를 통 크게 접목하는 것이다. 가치를 높이는 방법이 있다면 누구와도 협업의 창을 열 수 있는 자세가 필요하다. 이 길이 인테리어 가구업계의 새로운 길이 될 것임이 자명하다! 인테리어 가구업계의 "가치 협의 방법론"에 대해서는 새로운 지면을 통해 상세히 부연설명할 기회를 가질 예정이다.

　인테리어 가구업계뿐만이 아니라 모든 산업에서 세밀한 기획과 명확한 목표를 설정하고 실행에 옮겨 가면서 궁극적인 결과를 만들어 내는 조직은 Retail, 영업마케팅 조직이다. 영업마케팅 조직을 어떻게 설계하고 이끌어 가느냐에 따라 기업의 Output과 지속성장의 사활이 걸려 있다. 기업의 Brain층인 Senior조직이 지시하는 대로만 움직이던 시대와는 달리 작금의 영업마케팅 조직은 자생의 기능이 훨씬 더 중요하게 되었다. 스스로 살아남기 위해 노력하는 조직이 아니면 쉽게 도태되기 때문이다.

　수동적이고 갇혀 있는 조직이 아닌 살아 있는 영업마케팅 조직은 어떻게 만들어야 하며 또 어떻게 관리해야 하는가? 생동감 있게 움직여 가는 Retail 조직은 혈연, 지연, 학연, Informal 인연 등 인맥관리에서 멀어져야 한다. 스펙이 좋은 사람을 선호했던 이유가 바로 이런 인맥을 이용하고자 했음을 우리는 인정해야 한다. 치렁치렁 온 몸에 인맥의 장신구를 달고 현장을 누비는 사람이 현장영업에서 돋보이는 존재로 보인다는 착각에서 벗어나야 한다. 한 두 건의 연고영업이 끝나면 Market에서 표류하는 난파선으로 내몰리는 Salesman이 주변에 산재해 있음을 너무 쉽게 보고 있다.

Retail 조직은 훌륭한 조건으로 포장된 인재로 구성되기보다는 현장영업에 대한 도전의식이 충만한 인력으로 꾸며져야 한다. 우수한 지식으로 가분수의 머리 무게를 주체하지 못하는 인재보다는 가벼운 마음으로 좌충우돌 자신의 의지를 표출시키는 인재로 가득 채워져야 하는 조직이 Retail 조직이다. 인테리어 가구업계의 Retail 조직은 더더욱 창의적이고 미래지향적이어야 한다. 과거에 치중하고 주변을 거들먹거리는 인재들과는 결별해야 한다. 꼰대의 모습을 보이는 것보다는 한 꼬락서니 할 줄 아는 야심찬 인재를 모아야 한다. Retail 조직의 영업마케팅 인재는 뽑는 것이 아니다. 만들어지는 것이다!

인테리어 가구영업의 인재는 "無"에서 "有"를 창출해 내는 의미심장한 작업 일꾼이다. 선임과 후임이 특별하게 구분되는 것이 아닌 상호 의존하며 역량을 키워나가는 조직이어야 한다. 알려 주어야 할 것과 배워 나가야 할 것이 매일매일 다가오는 직무이다. Sales의 Basic을 알아야 하고, 리모델링, 퍼니처링 등 인테리어 전반을 현장에서 Dealing하는 방법론을 익혀야 하며, 디자인을 스스로 추출해 낼 줄 아는 역량도 필요하고, Level-up 시켜 새로운 공간 창출 연출가의 자질이 필요하고, 금융까지 아우르는 다양성이 필요하다.

'영업 뭐 있어 중뿔나게 나서지 말고 시키는 일이나 제대로 하세요!'라는 틀에서 벗어나 내가 한 번 세상을 리딩하는 기회를 만들어 보고자 하는 의욕이 보여야 한다. 인테리어 가구업계가 반도체 산업을 능가하는 우리나라 최대의 성장산업으로 대두된다면 모두가 나서서 어떤 이야기를 할지 자못 궁금하지 않을 수 없다! 그런 기회가 눈 앞에 펼쳐지고 있는데 이를 Pass over 시키고 있다면 이는 인테리어 가구업계 구성원 모두가 지금 직무유기를 하고 있는 것이다!

전혀 색다른 인테리어 리모델링 가구시장이 열리고 있다!
Market은 선점하는 자의 몫이다!
이 Market은 바로 여러분의 Market임을 절감해야 한다!

🖎 1분 리뷰

: 자기합리화에 빠지는 영업의 딜레마 자성해 보기!

Sales(영업) Mind

"호랑이에게 물려가도 정신만 차리면 산다."

옛날 속담으로 정신무장을 강조한 말로 이해할 수 있다. 글 내용을 있는 그대로 해석해 보면 가관인 현상이 다가온다. 일상생활에서 호랑이에게 물려갈 확률이 얼마나 될까? 거의 일어날 수 없는 일이라고 보아야 한다. 말을 만들어 내다보니 그럴듯한 가상을 지어낸 것뿐이다. 더욱이 호랑이한테 물리는 순간 죽거나 기절하고나 둘 중에서 하나가 될 것이다. 물렸다가 정신을 차리면 엄청난 고통 때문에 차라리 죽는 게 나을 거라고 보는 게 맞다. 찬찬히 뜯어보면 말도 안 되는 내용이 무슨 교훈 거리가 되겠는가? '아무리 난세가 닥쳐온다 해도 똑바른 정신이면 이겨낼 수 있다'라는 정도로 받아들이면 된다.

세상을 살아감에 있어 어떤 정신으로 살아나가야 하는지에 대해 수많은 이론과 설명이 산재해 있지만 명확하게 정리되어 있는 기본 틀이 아직은 눈에 띄지 않고 있다. 각자 자기의 경험에 비추어 Micro 하게 설파하는 내용이 주를 이루고 있다. 일을 시작하고자 하는 사람이 정신적으로 의지 하고픈 내용은 잘 정리되어 참고사항으로 자리를 삽노록 해야 한다. 먼저 세상을 살아온 사람들이 가져야 하는 세상에 대한 예의이다. 영업도 마찬가지여서 영업에 접근하고자 하는 사람들이 편안하게 이해하고 객관적으로 받아들일 수 있는 부분이 가지런히 정돈되어 있어야 하는데 지금으로서는 미약한 수준이다.

세상 다양한 직업 중에서 어렵고 힘든 직종으로 알려진 일이 영업이다. 쉬운 일도 상황에 따라서는 순간 어려움을 겪게 되는 경우가 다반사다. 시작도 하기 전에 이미 어려운 일로 판가름 난 영업은 실행 과정을 거치며 그 어려운 강도가 더욱 거세질 수 있음에 모두가 피해 가고 싶어 한다. 영업의 늪에 빠져도 살아남을 수 있는 방법론이 있다고 한다면 지금보다는 더 많은 사람들이 도전의 날을 세울 것이다.

어려움을 이겨 낼 수 있는 가장 기본적인 바탕은 마음속에서 우러나오게 된다. 흔히 우리는 이것을 정신적인 자세, 마인드라고 지칭한다. 영업에 들어서게 되면 스스로를 다독이고 마음가짐을 새롭게 정립하는 준비작업을 한다. 영업 마인드를 가다듬는 시간을 가진다.

영업마인드!
영업이라는 일에 조금이라도 결부되어 생활하는 사람이라면 하루에도 수십 번 부딪히고 되뇌이는 말이다. 영업 주변에 너무 많이 널려 있어 이제는 무감각해져 있는 말이 되어 버렸다. 영업의 시작과 끝을 이어오는 긴 여정 속에서 가장 중요한 워딩으로 자리 잡고 있다. 중요한 포지션인 만큼 폐부를 찌르는 강렬함이 보이지 않는 안타까움도 상존한다.

이론만이 가득 찬 영업마인드를 다시 열거하는 것은 시간 낭비다. 영업마인드를 이론으로 가르쳐온 흐름은 반성할 부분이다. 뜬금없이 실무라 하여 자기 경험만을 고집하는 부분도 재고되어야 한다. 모두가 자기 생각만을 주장해 왔기에 영업마인드는 갈 길을 잃고 난파 중에 있다.

절박감!
영업 마인드는 절박감을 먹고 살아간다.

영업전선에 나서는 사람들이 가지는 공통분모는 비장함이다. 어떤 연유로 영업직무를 수행하게 되었는지 구구절절이 표방할 필요는 없다. 그 이전에 비장함을 감싸 안을 수 있는 절박감이 보여야 한다.

충무로 지하철 역사 에스컬레이터에 얼굴을 가린 샌드위치맨이 등장했다. 얼굴이 가려져 있어 나이는 알 수 없었지만 어느 정도 연륜이 있어 보였다. 샌드위치맨 복장으로 계속해서 에스컬레이터를 오르내리고 있었다. 몇 시간 지속돼야만 멈추는지 알 수도 없었다. 묵묵히 오르내리기를 지속했다. 카메라에 담았던 기자가 기사를 정리하다 찍은 사진을 확대해서 보았다. 가슴저린 내용이 있었다.

"잠깐 제발 한번만 봐 주세요. 나는야, 박스맨!"
"녹용여 선전 나왔어여! 회사 부장인데여, 효과 없으면 명퇴 당해여!"
"돌아가며 읽어 주세요!"

저렇게 하지 않으면 하루 일당을 놓치게 되는데, 살기 위해서는 멈출 수가 없는 노릇이었다. 영업마인드는 절박감이 없으면 아무 소용이 없다. 이 절박감이 마인드에 녹아들고 영업으로 이행되어야 한다. 영업을 제대로 준비하고 그 탄탄한 기반을 바탕으로 제대로 된 Output을 만들어 내고 싶은 게 모든 영업인의 로망이다. 실제 그렇게 하지 않는 영업인은 거의 없다고 보아야 한다. 힘든 영업을 일과성으로 재미삼아 하는 영업인이 과연 얼마나 될까?

애절한 노력이 결실도 보기 전에 사장되거나 묵살되는 이유는 분명히 있다. 세상은 다 알고 있는데 정작 본인만 모르고 있다. 시장은 바른 길을 비추고 있는데 오염된 영업마인드를 품고 샛길로 빠져들고 있다. 이런 현상은 어제 오늘의 일이 아니다. 벌써 오래전에 감지되어 왔으나 나서서 정립하는 선각자가 보이지 않았기 때문이다. 유능하고 영업에 정통한 사람이 선각자가 아니다. 작든 크든 영업을 하고 있는 모든 영업인들이 바로 선각자이다. 어느 누가 나서도 되는 일이기에 이제는 방치해서는 안 되는 시간이 되었다.

관행으로 널린 영업마인드를 세세하게 늘어놓을 필요는 없지만 일부 정리는 요긴할 것 같다.

- 영업 잘하는 마인드(만남의 자신감, 지속 학습, 1/100 확률극복, 메모 습관, 긍정적 사고)
- 현장지배 영업마인드(용기, 도전의식, 실행력, 홀로서기, 동료의식, 돈 벌기 명분)
- 관행에 묶인 영업마인드(확실한 줄서기, 인맥관리, Route활용, 지난흐름 답습, 약점잡기)

위에 열거된 내용들은 평소에 우리 곁에 자리 잡고 있는 내용들이라 별로 거부반응은 없다. 거부반응이 나타나지 않는다고 해서 긍정의 시그널로 받아들이면 곤란하다. 가슴 속에서 우러나오는 진정한 영업마인드를 찾아내야 한다. 그렇게 어려운 작업은 아니다. 외면하고 못 본체 했을 뿐이다.

영업마인드는 복잡한 내용이 아니다. 단순하지만 내 의지가 충분히 담겨 있어야 한다. 내가 가장 잘하는 일을 뽑아내고 실행하는 일이다.

① 한때 축구선수였던 두 친구가 영업에 들어섰다. 잘하는 게 없다고 했다. 공격수였던 친구에게는 끊임없는 거래선 방문을 요구하고, 수비수였던 친구에게는 욕먹는 것을 쉼 없이 받아내도록 독려하다.

② 삼행시를 즐기고 잘 지었던 친구. 사회진출을 위해 입사시험에 도전 대기업 식품회사의 면접에 참가했는데, 스펙에서 밀린다

고 생각하자 마지막에 삼행시로 역전의 돌파구를 마련하다.

③ 그냥 학교 다닌 것 이외에는 딱히 남들에게 보여 줄 것이 없다고 생각했던 친구. 생각을 실천으로 옮기는 의욕이 충만, 히말라야 K2 트레킹을 다녀오다. 이는 자기소개 핵심으로 자리 잡다.

④ 편의점 영업 FC로 열심히 노력했는데도 항상 꼴찌, 이유를 잘 모르겠다고 했지만 본인이 스스로 부족한 부분은 잘 알고 있었다. 부족함의 인정이 이 친구를 밀어 올리는 계기가 되다.

⑤ 중견제약회사 수도권 로컬병원을 담당하는 영업사원. 지금 내가 하는 일, 병원장이 원하는 일에 대해 분명한 Issue를 확립하다. 명확한 존재의 이유가 그를 최고의 영업직원으로 등극시키다.

⑥ 내가 보상 받고 있는 것 이상을 조직에 돌려주어야 한다는 명분을 최대한 지켰다. 업계에 소문이 퍼지자 스카우트 제의가 봇물을 이루다. 신의는 지키는 것이라 세상에 알리다.

⑦ 능력이 없다고 짤라야 한다는 직원이 있었다. 성실은 했으나 능력이 모자라는 것은 사실이었다. 반면에 불만 소비자를 다루는 솜씨는 최상이어서 어느 누구를 만나도 10분이면 긍정의 시그널을 이끌어 낸다.

참으로 신은 공평해서 누군가에게는 한 가지 장점을 꼭 부여해 주었다는 것이다. 본인이 모른다면 이는 자기 자신에 대한 직무유기이다. 이를 살리고 발전시키는 일은 전적으로 본인에게 달려 있음을 인지해야 한다. '너 이거 잘하지 이거 하면 성공한다'는 것은 당신을 우롱하는 립서비스일 뿐이다.

영업 마인드는 일천한 장점을 살리는 것과 연관이 있다. 어떤 영업을 하든 자기의 장점을 최대한 살릴 수 있는 자세가 필요하다. 영업마인드는 문제은행식 정답을 끌어다 쓰는 것이 아니다. 하루하루 나의 장점을 쌓아 나가는 것이 영업마인드로 구축되는 것이다.

👆 1분 리뷰

: 본인만이 간직하고 있는 영업 마인드 현실적 해부와 평가!

시장에 제품을 Launching 시키기만 하면 항상 대단한 매출을 올리는 친구가 있다. 독창적이거나 많은 홍보비용을 지출하는 전략을 쓰지 않는데도 판매가 쉽게 이루어지는 것에 대해 사람들이 놀라움을 감추지 못하고 있다. 평범한 사람들이 가지고 있지 않은 그 사람만이 가지고 있는 능력이 있다고 믿는 눈치이다.

새로운 아이템으로 새로운 도전을 기획하고 실행하기 위해 대중 앞에 섰다. "이번에 제가 시장에 도전할 제품은 신발입니다." 칭찬에 앞장섰던 사람들도 부정적으로 돌아섰다. 나이키, 아디다스, 휠라 등 세계적인 제품이 즐비한데 경쟁이 어렵다고 보았다. 본인도 통상적인 도전으로는 승산이 없다고 보았다. "기부문화"를 영업전략에 포함시켰다. 누구나 할 수 있는 전략이라 그도 쉽지 않을 것으로 이야기가 돌았다. 첫해는 반응이 거의 없었으나 미국 여배우들이 관심을 나타내자 폭발적인 매출이 일어났다. 가난한 나라의 어린이에게 매출이 일어날 시 one+one으로 신발 한 켤레를 무상으로 지급하는 전략이 대성공을 거두었다. 이는 'TOMS shoes'의 블레이크 마이코스키(Blake Mycoskie)의 이야기다.

세상이 다 아는 트렌드를 영업전략의 Power로 이끌어 냈다. 영업
Power는 가장 평범한 곳에 있음을 알린 장본인이다.

물건을 잘 파는 사람의 부류를 크게 2 Sector로 나누어 볼 수 있
다. 특정 제품에 대해서 집중적으로 상당한 매출을 올리는 사람과 제
품의 내용과 상관없이 어떤 제품이라도 원활하게 판매를 이끌어 내는
사람이다. 어렵고 힘든 작업인 판매를 무리 없이 왕성하게 실행에 옮
기는 사람을 '판매의 왕', '판매의 신'이라 지칭하며 존경의 시선을 보
내게 된다. 판매를 잘하는 사람은 어떤 영업능력을 가지고 있기에 판
매를 가래떡 뽑듯이 막힘없이 술술 뽑아내고 있는 것일까? 이런 사람
들에게 판매성공의 비결을 물어보면 통상적인 이야기만 수북이 쌓이
게 된다. "정말 운이 좋았고 주변의 여러분들이 도와주셔서 좋은 결과
를 얻게 되었습니다."라는 이야기가 대부분일 것이다. 공부 잘하는 친
구들의 인터뷰 내용이 "교과서 위주로 학교 수업에만 열심히 따라갔
을 뿐입니다."라는 이야기와 다를 게 없다.

영업 Power를 무엇이라고 설명해야 하는가?
영업 Power는 어디에서 오는가?
영업 Power를 가지고 있는 사람의 모습은 어떠할까?
영업 Power를 높이는 방법은 따로 없을까?

단순하게 영업을 잘 하는 힘을 영업 Power로 명명할 수 있다. 굳
이 어려운 용어를 써가며 영업의 힘에 대한 정의를 내릴 필요가 없다.

영업 Power를 어디에서 배웠느냐고 물어보는 것만큼 어리석은 질문은 없다. 영업 Power는 교과서를 통해 배우는 것이 아니다. 영업 Power는 잘 가르쳐서 실력을 쌓도록 하는 것도 아니다. 영업 Power는 하루하루 현장의 고단함이 가져다주는 노동의 대가이다.

영업 Power를 늘리기 위해서 많은 방법론이 선을 보였다. 그중에서 가장 많이 독려했던 방법론이 인맥쌓기였다. 내 힘으로 안 될 때 주변 지인의 도움을 받는 것이 정설로 되어 있다. 학계, 관계, 정계 등 힘의 논리가 지배하는 곳이면 인맥은 중요한 연결고리였다. 그런데 영업 Power는 인맥쌓기가 아닌 인맥 정리하기에서 나온다. 동양적인 시스템은 태어나는 순간 내가 알지도 못하는 사돈의 팔촌까지로 이어지는 인맥의 숲속으로 빠져들게 된다. 내 의지하고는 전혀 상관이 없는데도 말입니다. 시간이 조금 지나면 금방 초중고 대학에 이르는 학교인맥에 둘러싸이게 마련이다. 또한 우리나라 남자들이면 빼놓을 수 없는 군대라는 인맥라인이 형성된다. 사회생활 1-2년이 지나면 서너 개의 모임은 기본일 정도로 많은 인맥 모임이 생긴다. 이런 어마어마한 인맥을 죽기 전에 과연 몇 %나 활용하게 되는지 알고 있을까? 정확한 통계는 없지만 아마 1%도 제대로 활용하지 못하는 게 아닐까 한다.

영업 power는 시험으로 테스트를 거쳐 성적순으로 힘을 부여하는 것이 아니다. 사람과 사람 사이에 브리지를 놓는 작업이기에 권위적인 힘은 필요가 없다. 평범한 힘이지만 새로움을 창출해 낼 수 있는 윤곽이면 충분하다. 영업 Power는 평범함이 모여서 Synergy 효과를 내는 능력이다. 영업 Power는 포장하는 기술이 아니다. 있는 그대로 보여주는 자연스러운 자세이다.

'평범하다'라는 것은 무색·무취·무미건조한 것으로 비추어진다. 하지만 영업에서는 이것이 무기가 될 수 있음을 알아야 한다. 영업에서 '평범하다'라는 것은 상대방이 나에게 다가오기 편하다는 것이다. 이는 지속적인 만남의 단초가 된다.

제지회사에서 영업을 시작한 사람이 있었다. 학교 졸업도 변변치 못해 남들에게 이야기하기가 곤란했다. 특별한 자격증도 없었다. 얼굴도 조금은 날카로운 인상이라 영업하고는 맞지 않는다고 했다. 말 주변도 없어 유창하게 대화하는 것을 힘들어 했다. 영업하고는 전혀 맞지 않는다고 스스로 판단했다. 먹고 살아야 해서 영업을 할 수밖에 없는 현실이 두려웠다. 이 영업사원이 할 수 있는 것은 자신을 있는 그대로 보여주고 오는 것이었다. 학교, 인맥, 경력, 실력, 외모 어느 하나 내세울 게 없는 모습 그 모습이었다. 그래도 한 가지 고무적인 것은 영업은 재미있는 일이라는 생각을 가지게 되었다.

현장에서 영업을 시작하자 전혀 다른 결과가 나타났다. 거래처를 방문하고 돌아오면 꼭 리턴 전화를 받게 된다. 뭔지는 모르겠지만 당신하고는 꼭 한 번 계약을 하고 거래를 하고 싶다는 연락이었다. 영업 관례상 만남이 있은 후에는 립서비스로 연락드리겠다는 언질을 듣게 된다. 그런 언질이 현실화되는 경우는 거의 없다. 지나가는 소리로 한

번 해보는 것이고 듣는 사람도 그렇게 알고 있다. 영업 초심의 영업직원은 이 립서비스를 현실화시키는 물꼬를 터 놓았다. 이 제지회사 영업인은 업계의 전설이 되었고 지금도 그 흐름이 이어지고 있다.

영업 Power를 가장 현실감 있게 풀어낸 사례이다. 아주 평범함이 영업 Power로 만들어 지는 과정이라 보면 된다. 영업 Power는 확대 해석되는 것을 극도로 경계한다. 영업이 진행되다가 흐지부지 결말 도출이 어려워지는 것은 Power가 약해서가 아니다. 영업인으로서의 역할이 제동이 걸리는 것은 부족한 Power 때문이 아니다. 영업 Power는 외부적으로 보여주는 힘자랑이 아니다. 내부적으로 영업인 자신을 보호해 주는 쌓여 온 영업현장 노하우의 집합이다. 영업현장 노하우가 부족하다 보면 능력이 모자라는 자격지심에 빠진다. 이를 만회하기 위해서 영업 Power를 구걸하게 된다. 인맥을 동원하게 되는 경우가 이런 맥락으로 이어지게 된다.

"이번 계약의 책임자가 나와 고등학교 동창이야! 계약 통과 걱정하지마!"

"지난번 계약하고는 분위기가 많이 달라! 그 회사 부사장한테 힘 좀 써봐!"

"본 프로젝트 판매는 경쟁업체와의 자존심 싸움이야! 아는 담당 팀장에게 읍소해 봐!"

"컴플레인 제시한 소비자가 교수라고! 어느 학교야! 줄 좀 찾아봐라!"

"도대체 영업을 몇 년 했는데 아직까지 기업체 라인도 깔아 놓지 못했냐구! 답답하네!"

영업 Power를 전혀 다른 방향으로 설정해서 끌고 온 결과이다. 영업조직, 영업인 모두가 영업능력을 향상시키기 위해 끊임없는 노력을 해 온 것이 사실이다. 그럼에도 불구하고 영업이 정상궤도로 진행하지 못하고 있다. 방법론에 차이가 있고 이를 받아들이는 자세에 균열이 생겨 맥이 끊긴 결과이다.

무조건 혁신적인 방법이 옳다고 과거의 관습을 무시해서는 안 된다. 과거의 관습 중에 우리가 내동댕이 쳤던 평범함 속에서 또 다른 미래를 찾아야 할 때이다. 영업 Power는 이런 평범한 속에 들어 있다. 누구나 가지고 있는 이 Power를 극대화시킬 수 있는 능력도 공히 모두 가지고 있다. 영업인이라면 이 Power를 살려 낼 줄 알아야 한다. 그 기회가 지금 당신 앞에 놓여 있음을 주목해야 한다.

☜ 1분 리뷰

: Market을 Leading할 수 있는 나만의 독창력 추출하기!

Sales(영업) 열쇠는 현장에 널려있다

호기롭게 영업의 문을 열어젖히기 위해 어려움을 뚫고 웅장한 대문 앞에 다다랐지만 정작 맞는 열쇠를 찾지 못하고 있다면 모든 노력이 수포로 돌아가는 현실과 마주할 수밖에 없다. 많은 사람들이 영업에 도전하고 각고의 노력을 기울였음에도 불구하고 소기의 목적을 달성하지 못하고 되돌아서는 경우가 상당히 많다. 헛수고에 맥이 빠지게 된다. 노력한 만큼의 대가를 얻을 수만 있다면 그보다 더 뿌듯한 일은 없을 것이다. 그런 가슴 벅찬 결과물을 손에 쥐기가 어려운 이유를 진솔하게 살펴볼 필요가 있다. 우리들의 영업관행뿐만이 아니라 세계 전체적으로도 뒤틀린 영업의 관행을 새로이 조명해 보아야 한다. 본의 아니게 외면하거나 무시해 버렸던 현장의 중요성을 이제 다시 수면 위로 떠올려야 한다. 천박하고 별 볼일 없다고 걷어찬 Field, 바로 당신의 그 영업현장 말이다!

코로나 시기에 모두가 어렵다고 야단법석이었지만 역으로 호항을 누리게 된 기업의 현실을 들여다볼 필요가 있다. 코로나 이전보다 서너 배의 매출을 더 올리게 된 영업인의 노하우를 어떻게 설명해야 할까? 남들이 똑같이 따라 했다면 비슷한 성과를 얻게 되었을까? 자기만의 경쟁력을 발휘하기 위해 우직하게 영업현장을 관리해 온 뚝심을 해부해 보자!

수요가 많지 않은 계측기를 수입, 판매하는 회사의 영업직원은 늘 피곤했다. 취급하는 자질구레한 품목이 너무 많아 소비자의 요구를 다 소화하기가 벅찼다. 주 거래처가 연구소같은 정적인 기관이라 다가가는 것도 보통 일이 아니었다. 코로나가 터지자 갑자기 회사가 바빠지기 시작했다. 체온 측정기가 불티나게 팔리기 시작했다. 처음에 휴대용 측정기로 출발해서 입식 대형 측정기로 수요가 무섭게 늘어났다. 당연히 영업직원도 활동시간이 모자를 정도로 바빠졌다. 어마어마한 매출이 일어나고 회사가 수익이 나자 인센티브로 많은 돈도 벌게 되었다.

사람들은 운이 좋았다고 말들을 했다. 코로나가 기업을 살리고 영업직원의 입지를 키워주었다고 이야기한다. 냉정하게 사안을 살펴보자. 이게 단순히 운이 좋았다고 할 일인가? 돈이 안 된다고 그 사업을 포기하고 기업들이 떠나갔다. 돈벌이가 되는 영업을 해야 한다고 영업직원들도 이직을 했다. 자리를 지킨 기업과 영업직원은 멍청해서 돈 안 되는 일에 남아 있었을까? 이들은 기회가 왔을 때 고통의 문을 열 수 있는 열쇠를 쥐고 있었던 것이다. 다들 손에 쥐었던 열쇠를 던지고 떠나가지 않았던가!

그동안 우리에게는 필요했던 것은 문을 여는 열쇠가 아니었다. 남들에게 보여주기 위한 금으로 도금된 열쇠였다. 문이 잘 열리지 않아도 아무 문제가 되지 않았다. 얼마짜리 열쇠인지 어디에서 만들었는지가 더 중요했다. 이 볼품없는 열쇠가 한번은 기회의 문을 열게 될 것이라는 소신이 없었다. 영업의 열쇠는 아직도 당신의 발밑에 놓여 있다! 앞으로의 기회를

위해 다시 주워 담을지, 아니면 발로 차서 나와의 인연을 아주 끝내 버릴
지는 오로지 당신의 몫으로 남을 것이다.

초창기에 헤드랜턴을 수입해서 팔던 친구가 있었다. 수입단가 대
비 판매가를 산정했을 때 상당한 이익이 눈에 들어왔다. 이익만을 생
각하고 열심히 뛰었지만 매출이 신통치 않았다. 알음알음 파는 정도였
지 확실한 판로가 없었던 게 문제였다. 필요한 물건이라고 생각했지만
당장 사용해야 할 필요성을 느끼지 못하고 있었다.

더 많은 사람을 만나고 거래처를 돌아다녔지만 쉽게 해결의 기미
가 보이지 않았다. 열쇠는 쥐고 있었지만 정작 문은 열지 못하고 있었
다. 열쇠에 맞는 문을 찾기로 했다. 드디어 문을 찾는 데 성공을 했다.
먹고 살기가 조금 나아지자 건강을 생각하는 사람들이 늘어나기 시작
했다. 비용이 많이 들지 않는 등산에 많은 사람들이 몰리기 시작했다.
야간산행과 새벽산행도 차츰 활기를 띠기 시작하고 있었다. 서울 근교
청계산과 강원도 오대산에 새벽에 온몸에 헤드랜턴을 장착하고 입구
에 섰다. 어둠 속에 환한 불덩이 같은 것이 서 있는 모습에 사람들은
경악했다. 관심으로 급진전되면서 현장에서 판매가 이루어졌다. 온 산
이 헤드랜턴으로 물들기 시작하자 소문은 급속하게 퍼져 나갔다. 맞는
자물통에 열쇠를 꽂자 문은 쉽게 열렸고 매출은 자동으로 따라왔다.

세상을 여는 열쇠, 영업을 여는 열쇠는 현장에 널려 있다. 그 현
장을 못 찾고 있었을 뿐이다. 그 현장을 안 찾고 앉아서 한탄만 하고

있었다. 열쇠가 맞는 현장은 찾는 사람의 몫인 것을 간과하고 있었다.

어느 날 갑자기 아웃도어(Outdoor)제품이 우리생활에 자리를 잡았다. 한때 유행했던 골프의류를 대신해서 이 쪽으로 광풍이 몰아쳤다. 야외활동에 관심이 증가하는 추세와 맞물려 전 국토가 아웃도어 제품으로 도배를 했다. 예식장에 정장 대신 값비싼 아웃도어 제품을 입고 나타나는 사람도 생겼다. 재래시장에서 몸뻬 의류를 입고 있던 상인들도 아웃도어 제품을 입게 되었다. 전 국민의 국민예복화된 것으로 착각할 정도로 그 파급효과는 대단했다.

새로운 브랜드를 만들어 시장에 진입하는 상품들이 늘어났다. 해외 유명 아웃도어브랜드 제품들은 모두 우리나라에 집결하는 듯이 보였다. 경쟁은 치열해질 수밖에 없었고 광고전쟁으로 이어졌다. 이름이 꽤나 알려진 배우 등이 광고 모델로 매스컴을 장악했다. 여지없이 배경은 모두 히말라야였다.

비싼 모델료, 현지촬영에 들어가는 어마어마한 비용으로 고통이 시작됐다. 당연히 몇만 원짜리 바람막이가 몇십만 원으로 가격이 올라가 버렸다. 소비자들이 모를리 만무했다.

살아남기 위한 처절한 싸움이 시작되었다. 허리춤에 치렁치렁 폼나는 많은 열쇠 꾸러미를 꿰차고 있었지만 정작 열쇠로 열어야 하는 현장을 못찾고 방황하고 있었다. 공멸의 어두움이 닥쳐오고 실제 서서히 기업들이 도산하는 모습이 나타나기 시작했다.

열쇠를 꽂고 열어 볼만한 바탕은 주변에 깔려 있었지만 무시했다. 일반 모델을 쓰고, 히말라야보다는 도시풍을 살린 광고로 비용을 대폭 절감할 수 있었다. 일부 기업은 시행을 서둘렀지만 대부분은 복지부동이었다. 거꾸로 할인행사 가격경쟁으로 몰락을 자초했다. 새로운 이벤트로 열쇠를 활용할 생각을 전혀 안하고 있었다.

북유럽 스웨덴 아웃도어 업체가 이 틈새시장을 열어 제꼈다. 피엘라벤(Fjallraven)이라는 아웃도어 업체였다. 피엘라벤 클래식이라는 이벤트를 세계 아웃도어 활동가들에게 알렸다. 상상을 초월하는 반응에 모두가 놀라움을 금치 못했다. 자국 스웨덴을 포함해서 5-6개국의 풍광 좋은 곳을 트랙킹하는 행사였다. 우리나라도 제주가 선정되어 이벤트의 한 장을 담당하게 되었다. 참가인원 한정으로 티켓을 구매해야 하는데 가히 전쟁이었다. 인터넷으로 티켓을 발매하는 날 1분 안에 매진되고 서버가 다운되는 상황이 지속됐다. 이 업체는 세계적인 아웃도어 브랜드로 다시 태어났고 이벤트 현장의 실시간 중계로 매출은 기대 이상으로 꾸준함을 유지하고 있다.

작은 이벤트가 열쇠에 맞는 현장으로 탈바꿈될 줄은 아무도 몰랐다. 우리나라 아웃도어 기업도 새로운 시장을 열어 갈 열쇠를 이제는 내보여야 할 때이다. 기회는 생각하고 바라만 보는 것이 아니다. 실행의 날을 세워야 쓸 수 있는 시간이 다가온다. 투박한 열쇠가 당신의 인생을 바꾸는 열쇠가 될 수 있음을 기억해야 한다.

✐ **1분 리뷰**

: 허리춤에 차고 있는 내 영업열쇠의 기능을 생각해 보자!

Sales(영업) Slogan의 함정

목표를 설정하고 그 목표를 달성하기 위해서 맹렬하게 앞으로 달려만 가면 목표달성이 손안에 들어오게 되는가? 어떤 일이건 중간 중간 많은 시행착오를 거치게 되는데 이런 어려움을 극복해야만 그래도 어느 정도 목표의 근사치에 도달하게 됨을 기존의 학습을 통해 잘 알고 있다. 일이 시작되면 분명한 목표의식을 가지고 출발하던, 진행 과정에 새로운 방향으로의 전환이 전개되던 일을 독려하기 위해서 분위기를 고취시키는 작업을 하게 된다.

바로 슬로건을 내걸고 구겨진 정신을 가다듬게 하는 것이다. 어떤 취지의 슬로건을 내세울지 문구는 중요하지 않다. 슬로건 안에 내재되어 있는 내용 또한 크게 부각시킬 필요가 없다. 마음을 세탁하는 정도로의 내용이면 족하다.

언제부터인지 명확하게 알 수는 없지만 슬로건에 핵심 방점을 찍고 이를 관철시키기 위해서 맹목적으로 달려가기 시작했음을 과거 역사의 한 페이지를 통해 분명하게 잘 알고 있다. 아마도 군사문화가 주류를 이루고 흘러가던 시절 자주 듣게 되었던 슬로건이 아직도 귓전에 생생하게 남아 있다.

"하면 된다."

일의 진척이 더디고 매너리즘에 빠져 목표의식이 흐려지게 되는 것에 대해 경각심을 심어주고 흐트러진 마음가짐을 추스려서 자신감을 다시 일으켜 세우게 했던 강한 멘트의 어조이다. 누가 들어도 무의식의 강한 압박감을 가질 수밖에 없는 슬로건이다. 강제성을 띄고 있지는 않다고 하지만 그 중압감은 생각 이상으로 크다. 한 걸음 더 나간 묵직한 슬로건이 또 다시 다가왔다.

"안 되면 되게 하라."

숨이 탁 막히는 심정이 온몸에 전율로 퍼져 나갔지만 반론을 제기하는 사람은 별로 없었다.

"위에서 시켜서 하는 일은 다 그런 거지 뭐!"
"결과가 어떻게 되던 내 알바가 아니잖아!"
"되는지 안 되는지 당신들은 알고 있냐고, 높은 사람들아!"
"또 애먼 사람 잡으려고 용을 쓰는구나 용을 써."

이런 유사한 슬루건들이 유독 영업 관련해서 남발되고 있는 것은 어떤 연유인가?

그걸 몰라서 묻고 있냐고 되물어 보면 할 말이 없다. 영업은 가시적으로 실적을 일구어내야 하는 일이다. 주어진 짧은 시간 안에 강박관념에 시달리며 눈에 들어오는 업적을 만들어 내는 일은 평범한 사람들이 생각할 때는 불가능한 일로 여겨진다. 이런 어려운 일을 가슴에 담고 세상과 담판을 짓기 위해서는 강력한 버팀목과 이를 지탱해줄 정신적인 지주가 절대적으로 필요하다. 강력한 슬로건으로 영업인들을 가이드하는 것이 요구되는 것은 사실이다.

이때 조금 더 심도있게 생각해야 할 일이 있다. 더 솔직해지고 더 현실적으로 다가가야 한다는 것이다.

"하면 된다."
"안 되면 되게 하라."

영업적인 측면에서 솔직하고 현실적으로 풀어 보고자 한다! 세상의 모든 일은 하면 되는 게 있고 안 되는 게 있다. 말같이 무조건 다되는 일만 상존한다면 무슨 걱정이 있겠는가! 시간만 지나가기를 기다려 주머니에 먹거리를 가득 주워만 담으면 그만인 것을 말입니다! "하면 된다."는 미명 아래 얼마나 많은 영업직원들이 고통도 모르고 죽어 나갔습니까? 맨땅에 헤딩하기를 강요당하며 이제나저제나 Output에 목을 메고 있었지요! 억지춘향의 숫자를 만들어 내기 위해 주변을 또 얼마나 노심초사하게 만들었을까요?

수많은 일들 중에 안 되는 것은 안 되는 것이다!
안 되는 것을 스스로 붙잡고 늘어질 수도 있고 힘의 논리에 따라

강압적으로 붙잡고 갈 수밖에 없는 상황이 만들어 지면 이를 정당화 시키기 위해 누군가는 이렇게 성공했음을 빌미로 삼아 똑같은 결과물 을 만들어 낼 것을 강요받고 있을 것이다!

영업은 슬로건에 맞추어 풀어가는 퍼즐 게임이 아니다. 영업을 하다 보면 분명 막힘의 순간이 찾아온다. 이 정체된 상황을 쉬어 가며 주변의 힘을 다시 응집시키는 역할로서의 구실이 슬로건이다. 영업에 슬로건은 필요하다. 그럴듯한 슬로건으로 영업활동을 현혹하기보다는 숨통을 열어주는 슬로건이 지금 필요하다.

"계약 1건도 못하면 햄버거 가게 알바나 해라!"보다는
"계약은 누가 도와주지 않는다! 작은 계약 1건이 내 인생을 바꾼다!"
"경쟁에서 이기기 위해 상대방 약점을 최대한 노려라!"보다는
"상대방의 약점 보다는 우리 장점을 최대한 활용하라!"이다.

영업실적만을 바라보고 슬로건을 만들고 이를 따라가도록 종용하 는 것은 영업직원을 어려움에 빠트리고 영업조직의 조직력을 경직화 시켜 유연성을 잃게 만들어 종국에는 기업의 자생력을 뿌리째 들어내 는 결과를 초래한다. 곳곳에 걸려 있는 슬로건의 대부분은 일 진행 과 정의 기대감을 가일층 충족시키기보다는 그냥 하나 추가로 걸어 놓았 다는 형식의 틀에서 벗어나지 못하고 있다. 영업 목표가 큰 오차 없이 꾸준하게 달성되고 영업직원, 영업팀 기업조직 자체가 미래를 향해 지 속적인 항해를 하게 만드는 최상의 슬로건은 그리 쉽게 만들어 지는 것이 아니다.

영업을 위한 슬로건 속에는 영업멤버, 영업팀, 기업대표의 진솔한 의중과 긍정적인 결과를 얻게 되었을 때 각자에게 돌아올 수 있는 영향력에 대해서도 깊은 뜻이 숨겨져 있어야 한다. 그런 슬로건이 어디 있느냐고 따져 묻는다면 그 분, 그 조직은 슬로건을 내걸 가치를 포기하는 것이다. 바로 슬로건은 새로운 가치를 창출해 내고 이를 바탕으로 지속성장의 길을 걸어가기 위한 작은 몸부림이라는 것을 알아야 한다.

이제 과감하게 이런 몸부림을 받아들여야만 하고 새로운 영업의 길이 활짝 열리는 날이 멀지 않았음을 스스로에게, 또 세상을 향해 강하게 알려야 하는 시간이다.

☜ 1분 리뷰

: Visual 개념의 영업에 대한 사실적인 흐름에 따른 반성!

Sales(영업) 협상의 진정성

영업 관련 교육을 진행하다 보면 자의든 타의든 영업협상에 대한 욕구가 상당하다는 것을 피부로 느끼게 된다. 최종 계약을 위한 현장 정지작업은 영업협상에 의해 좌지우지됨을 알고 있기에 이런 교육이 성행하는 것을 정상적인 수순으로 받아들일 수밖에 없다.

"조건 없이 영업협상을 잘 할 수 있는 방법이 있습니까?"

"영업협상에 필요한 중요한 덕목은 무엇입니까?"

"영업협상을 이끌어 가는 영업직원의 능력향상을 위한 내용을 알려 주십 시오?"

"영업협상 하에서 명심해야 할 언행에 대해 열거해 주세요?"

영업에 조금이라도 발을 담갔던 사람이라면 이 영업협상에 대해 참으로 할 말이 많을 것으로 보여 진다. 자신만의 노하우를 조금이라도 더 이야기하고 싶어 한다. 세간에 널려 있는 것이 영업협상에 대한 이야기로 그리도 방대한 양의 내용이 펼쳐지고 있는 것에 대해 그저 놀라울 뿐이다. 영업의 달인이 되고 영업협상의 달인이 되기 위해서는 이런저런 다양한 내용에 정통해야 한다고 책에서, 강연에서, 인터넷에서 정성스럽게 가이드하고 있다. 그런데 핵심을 놓치고 이런 이야기를 하는 것은 넌센스이다.

학문이나 기예에 통달하여 남달리 뛰어난 역량을 가진 사람을 우리는 달인이라 칭한다. 이와 연동되어 영업의 달인, 협상의 달인, 영업협상의 달인이란 칭호를 자주 접하게 된다. 과연 이런 달인들이 우리 주변에서 쉽게 찾을 수 있는 분들인지 짚어 보아야 한다.

영업의 달인은 존재하지 않는다.
협상의 달인도 존재하지 않는다.
영업협상의 달인도 존재하지 않는다.
현실을 있는 그대로 받아들이는 현장 전문가만이 존재할 뿐이다.

그럼에도 불구하고 달인이라 칭송받는 분들을 벤치마킹하면 나도 달인으로 다가갈 수 있다고 착각하고 있다. 이런 착각에서 벗어나기 위해 마음의 재정비, 구심점을 잃은 주변의 정리를 할 때이다.

협상과 관련된 잘 정리되어 포장된 내용을 열거해 보자.

누군가 협상의 기본원리와 전략에 대해 이야기하고 있다
- 상호 이익추구
- win win 상황창출

- 정보수집과 분석

- 커뮤니케이션 기술

- 대안 탐색

밀리언셀러가 알려주는 협상고수의 협상태도 관련 모음이다.

- 자기 의견에 너무 감정을 싣지 말자

- 내키지 않는 척 연기하기

- 조건을 직접 꺼내지 말라

- 가려진 더 높은 존재로 이중막 치기

- 문제를 잠시 접어두기

- 상대의 말 따라하기

- 협상 테이블 엎기

- 상대를 축하해 주며 마무리하기

영업협상 지침

- 제안은 알기 쉽게 하라

- 제안 순서에 연연하지 마라

- 주도권을 쥘 수 있는 계기 마련

- 한 번에 끝나는 협상은 없다

- 쓰레기 정보가 아닌 최고의 정보를 제공하라

- 과감한 양보를 하라

- 상대방의 약점을 보지 말고 내 강점에 치중하라

주옥같은 귀중한 이야기들이다. 정말 잘 정리하여 현장에서 써먹어야 할 것 같은 내용들이다. 그런데 이 내용을 한두 번 안 들어 본 사람이 있을까? 이런 내용을 몰라서 그동안 협상이 제대로 되지 않았던 걸까? 이 전략대로 하면 협상이 한 순간에 마무리 지어지게 된다는 이야기인가?

우리는 지금 너무 혼란스럽다. 오랜 세월 나의 존재감을 내세우고 살아왔지만 실제로는 다른 사람의 모습으로 돌려막기 하며 살아온 것이다. 자금에 문제가 생기면 돌려막기로 위기를 피해왔듯이 인생도 협상도 이런 돌려막기로 나를, 세상을 속여 온 것이다. 협상은 내가 주체자이고 내가 하는 것이다. 내가 결정을 하고 내가 책임을 지는 것이다. 타인이, 타인의 내용이 끼어들 여지가 전혀 없다. 아니! 아주 없어야 한다.

협상은 상대방과 마주 앉는 것이다. 세상에 다 알려진 중요한 내용들은 참고하는 게 맞다. 그렇다고 따라하는 것은 절대 아니다. 협상, 특히 영업협상은 네 가지만 명확하게 하면 된다. 물론 좋은 결과가 만들어지면 최상이지만 그렇지 않다고 실망할 필요는 없다. 협상을 현실적으로 풀어 나가기 위한 감각을 짚어보자.

첫째, 이 협상을 왜 진행해야 하는지에 대한 명분을 찾아야 한다.
내가 왜 협상 테이블에 앉아 있는지 분명하게 정리되어야 한다. 대부분은 그 이유는 접어두고 얄팍한 상술로 임기응변의 대처를 하고 있다. 유리한 조건, 계약의 성사에 모든 초점을 맞추고 있다. 협상을 통해 우리 조직에 이익을 가져오는 것이 중요하다. 더 중요한 것은 이 협상을 통해 향후 쌓아 올려질 영향력을 확보하는 것이다. 조직이 지속 성장하는 데 필요한 디딤돌을 구축하는 것이다. 문제의 해결을 short-term이 아닌 long-term의 기준으로 가꾸어 가는 것이다. 한 번의 협상 성공이 평생 당신의 인생을 책임져 주지 않음을 기억해야 한다.

둘째, 협상 당사자인 나와 상대방에 대해 정확하게 알아야 한다.

상대방을 알기 이전에 나 스스로에 대해서 분명하게 짚고 넘어가야 한다. 굳이 손자병법을 이야기하지 않는다 하더라도 나를 제대로 알지 못하고 협상에 임하는 것은 협상 자체는 물론이고 세상과 시장에 대한 예의가 아니다. 상대방의 뒷조사를 하자는 이야기가 아니다. 어떤 생각을 가지고 협상 테이블에 나와 있는지는 가늠해 보고 얼굴을 맞대는 것이 협상 당사자로서의 책임의식이다. 세상은 참으로 좁아서 지금의 상대방이 언제 어디서 또 다른 협상의 당사자로 만날 수 있기 때문이다. 잘 갖추어진 협상공식을 슬쩍 인용하기보다는 나의 볼품은 없지만 진솔한 투박함을 제시할 줄 알아야 한다. 우리가 필요에 의해서 협상을 진행하고 있듯이 상대방의 필요성도 살펴보고 우리의 하찮은 투박함이 상대방에게 도움이 됨을 보여주어야 한다.

협상은 상대방을 설득하는 것이 아니다. 협상에서 절대로 상대방을 설득하려 하지 말아야 한다. 영업협상은 더더욱 이 트랙에서 벗어나면 안 된다. 한 차원 높은 협상을 그려 보아야 할 때가 되었다.

진정한 설득은 상대방의 논리가 더 합당하다면 내가 설득을 당해 주는 게 진정한 설득이다.

이 진정한 설득이 협상을 주도해야 하는 시대가 되었다.

셋째, 협상은 상호이익을 위해 존재함을 확실하게 해야 한다.

통상적으로 협상은 시작되기도 전에 무조건 자기에게 유리하게 이끌기 위한 시스템으로 맞추어 놓게 된다. 협상이 무르익어 가면 이를 관철시키기 위해서 안간힘을 쓰게 된다. 윈윈전략은 온데간데없고 오로지 우리가 우위를 점해야 하는 상황으로 몰고 간다. 초심전략이 완전히 무산되는 경우를 맞이하게 된다. 협상은 단발로 끝나는 한 번의 전략도 있지만 대부분은 연계해서 이어지는 경우가 많다. 이를 염두에 둔다면 상호이익은 협상의 필요충분조건에 해당한다. 양보와 타협이 어느 선에서 이루어지느냐 하는 문제는 심히 어려운 난제이다. 이 부분에 대한 해결이 없이 협상은 결론을 낼 수 없다. 일부 무관심한 전략과 2선에서 막후 협상을 별도로 진행할 수도 있겠으나 항상 정공법이 최선의 대응책임을 직시해야 한다.

이익은 나누는 것이지 독식하는 것이 아님을 당사자가 교환하는 것이 협상이다.

넷째, 협상에는 특별한 기술이 필요하지 않다.

인생은 살아가는 그 자체가 협상임을 우리는 잘 알고 있다. 하루, 한 달, 일 년의 흐름이 온통 협상의 물결에 따라 출렁인다. 공·사기업,

독립법인 어느 하나 협상과 동떨어져서 운영되는 곳은 없다. 이런 협상에 임하는 자세가 거의 비슷한 모습으로 비추어지는 것은 재미있는 현상이다.

협상의 목표를 대동소이하게 잡고 있기 때문으로 보여 진다. 협상에서 이기는 게 주 목적으로 잡혀 있다. 지금까지 우리들은 그렇게 알고 협상을 진행해 왔고 그 범주를 벗어 난적이 거의 없다. 협상은 승자만을 위해 존재한다고 배워왔다. 협상에서 이기기 위해 모든 것을 걸었고 그 길에 전력투구를 해 왔다. 협상에서 승자로 남기 위해서는 무엇인가 분명한 게 필요했다. 협상기술을 교육으로 익히고 나만의 독특한 협상기술 개발에 안간힘을 쏟고 있는 이유이다.

안타깝지만 협상의 목표가 제대로 초점을 맞추지 못하고 있다. 협상은 이기기 위해 존재하는 것이 아니다. 협상은 끝나는 순간 양자가 승자가 되어야 한다. 이 중요한 명제를 잊고 있었다. 이 명제를 되살리는 순간 협상은 새롭게 태어나게 된다.

협상은 양자가 공동승자로 종결되기 때문에 상대방을 제압하는 기술은 필요하지 않다. 우리는 역으로 상대방을 겁박해서 꼬리를 내리게 하는 것이 협상의 대원칙이었다. 협상을 잘못 알고 잘못 가르치고 잘못 배웠다. 협상은 샅바 싸움하는 씨름판이 아니다. 잔기술로 상대방을 억누르려는 행동은 벌써 버렸어야 했다. 자기 논리만 앞세우는 얄팍한 말 기술로 협상장을 장악하면 협상의 승자가 되는가? 이니시어티브를 쥐고 협상을 내 뜻대로 이끌면 협상에서 이긴 게 맞는가? 맞는 거

같으면서 무언가 찜찜함을 떨쳐버릴 수 없음은 상기해 볼 대목이다.

협상은 기술이 필요한 게 아니라 나와 상대방을 이해하는 시간이 필요하다.

협상은 기술로 이끌어 내는 한 판의 승부가 아니다.

알량한 잔 기술은 접어두고 이해의 폭을 넓고 깊게 펼쳐야 한다.

이해가 상대를 서로 어우르게 되는 순간 협상은 양자의 승리로 끝난다!

🖐 1분 리뷰

: 영업협상의 중심을 어디에 두어야 하는지에 대한 목록 작성하기!

Sales(영업) 제안의 허구성

　일을 기획하고 촘촘히 계획을 세워서 처음 실행하는 단계에 들어서면 상대방에게 의견을 제시하게 된다. 통상적으로 이런 프로세스를 제안이라 한다. 제안은 내부적인 제안과 외부적인 제안으로 이분하여 나누어 볼 수 있다. 내용을 들여다보면 다양한 종류의 세부적인 제안들이 보여 진다. 가장 많이 접하게 되는 제안은 외부제안으로 영업관련 제안이 빈번하게 눈에 들어온다. 어느 조직이든 영업제안으로 조직의 활동과 지속적인 가용성이 따라오기 때문에 이 프로세스는 중요도선 순위에 해당하는 작업이다. 영업제안을 시작으로 조직의 움직임이 서서히 기지개를 켜게 된다.

　최근 유명 프로야구단의 감독과 단장이 법적인 문제로 사임되는 경우가 발생되었다. 돈을 받고 naming 광고제안을 수용했다는 내용이었다. 사실은 규명이 되지 않았으나 그런 루트로 영업제안이 오고 갈 수 있음을 알렸다. 이번 영업제안은 힘의 논리에 의해서 오염되는 사례를 남겼다.

　영업제안은 가장 순수해야 한다. 모든 제안이 그러하듯 사심이 개입되는 순긴 제인은 퇴색의 길도 들어서게 된나. 양쪽 다 기대치와는 다른 결과물을 가져가기 때문이다. 영업인이라면 누구나 수많은 제안을 하게 된다. 단순한 Indoor 매장에서의 제안은 방문 소비자에게 상품과 서비스를 제안하게 된다. 기업과 기업 간의 법인영업은 이익의 상충과 나눔을 조율하는 제안이 오고 가게 된다. 현장에서 직접 소비자를 만나는 영업제안은 신뢰가 우선인 제안이 필요하게 된다. 정부사업에 대한 영업제안은 절차에 완벽을 기하는 방향성이 설정되어야 한다. 어떤 상황에 어떤 제안을 하든 제안은 분명한 결과물을 제시해야 한다. 영업제안이 처음부터 어렵고 못해 먹겠다고 하는 이유가 여기에 있다. 결과물 제시는 대충 두리뭉실하게 그려 있고 과정에만 집중하는 경향이 다반사이다. 과정이 거창하게 전개되다 보면 사심과 청탁으로 이어지며, 최종적으로 불법의 흐름이 개입된다.

얽히고설키는 시장상황을 선 조율하고 감내할 수 있어야 영업제안이 시작된다. 시장을 제대로 파악하지도 못하고 영업제안에 나서는 것은 영업을 파국으로 이끌게 된다. 처음부터 아무 말썽 없이 진행이 순조롭다면 훌륭한 영업제안의 흐름으로 볼 수 있겠지만 실제 그런 경우는 거의 없다고 보아야 한다.

그래도 영업제안이 상대방의 이해를 불러일으킬 수 있는 방향으로 가기 위해서는 제안자가 자발적으로 표명해야 하는 것이 있다.

정보의 Open이다.
모든 정보를 다 Open하는 것을 원칙으로 한다. 제안을 받아들이는 사람이 긍정적으로 생각할 수 있는 수준까지 열어야 한다. 내가 죽게 되면 안 되기 때문에 최종 마지노선은 지키도록 한다.

자동차를 팔고 사는 상황을 예로 들어 보기로 한다. 영업인은 구매자에게 다양한 제안사항을 이야기하게 된다. 차 구매비용, 옵션사항, 할부내용, 부가서비스, A/S내용, 기타 개인 추가서비스 사항 등등. 구매자는 여타 내용은 관심이 없다. 추가서비스에 가장 큰 관심을 보이게 된다. 영업인이 제시한 제안에 덧붙여 구매자는 추가로 잡다한 요구사항을 이야기한다. 영업인은 딜레마에 빠지게 된다. 자동차 영업을 처음하는 영업인이라면 더욱 깊은 자괴감에 빠지게 된다. 이건 배보다 배꼽이 더 큰 결과 아닌가! 이럴거면 내가 왜 자동차 판매를 하는가! 수당으로 먹고 살아야 하는 내가 수당보다 더 많은 비용을 감당하면 무슨 의미가 있겠나! 이런 영업제안은 할 필요가 없는 게 아닌가!

이 영업제안은 어디서부터 문제가 야기된 것인가? 예를 든 자동차영업뿐만이 아니라 모든 영업의 초기 영업제안에서 간과한 것이 있다. 바로 정보의 Open이었다. 혹자들은 정보라고 하면 기상천외한 기술에서부터 Underground-Behind 이야기까지 최고급 양질의 숨겨진 지식과 자료라고 판단하는 게 일반적인 생각이다. 더 중요하고 무서운 정보는 개인 신상에 대한 내용이다. 개인정보보호법이 시행 중인 이유도 여기에 기인한다고 보아야 한다. 자동차 영업 Dealer는 처음부터 자신의 이익부분에 대해 공개했어야 했다. 이야기하기 치졸하고 어려운 부분이지만 자신의 중요 정보를 공개하는 게 맞다.

"A 자동차 1대 팔면 나에게 돌아오는 수당은 얼마이다!"

"나는 정식 월급이 아닌 수당으로 살아가는 영업인이다!"

"요구하신 만큼 서비스 지원하면 수당 다 날라가고 나는 적자다!"

"내가 제시하는 이 선까지가 제가 서비스 할 수 있는 영업제안 마지노선이다!"

Open된 정보 내에서 제안을 하면 사실일 경우 그 영업제안은 살아 숨쉬게 된다. 억지로 가리고 숨겨서 내놓는 영업제안은 역공이 들어올 경우 대처가 어렵다. 사실에 접근해서 신뢰를 얻어야 하는 것이 영업제안 이기에 그래서 어렵다. 그렇게까지 해야만 영업제안이 의미를 찾게 된다면 많은 제안이 사라지게 될 것이다. 의미를 상실한 형식제안은 죽은 제안이 되어서 우리 곁에서 멀어지게 된다는 것이다. 모든 제안이 Open될 수는 없겠지만 이 흐름은 큰 물줄기를 이룰 것이다.

4차 산업혁명에 들어선 지금, 사회경제 트렌드가 Open흐름으로 흘러가기 시작했기 때문이다. 상당기간 이 트렌드는 우리 곁에서 그 궤적을 넓혀 갈 것으로 보여 진다. 기업들은 불문율로 여겨졌던 원가의 Open도 감수해야 하는 시대에 들어섰다. 누가 먼저 Open하느냐가 문제이지 시간은 이미 문간을 넘어 선지 오래 되었다. 영업현장에서 Open개념은 더욱 거세질 수밖에 없다. 영업제안의 Open은 새로운 영업의 길을 열어 줄 것이며 기대치 이상의 이익을 가져다줄 것이다.

H제약회사. 상당히 공격적으로 영업을 해 오고 있는 기업이다. 주요 메이저 제약회사보다는 창업이 상당히 늦었지만 대표이하 모든 구성원들이 노력으로, 특히 현장의 영업사원의 응집력으로 순위를 급격하게 끌어 올렸다. 거기까지였다. 더 이상 추격의 실마리가 보이지 않고 있었다. 새로운 Route를 모색해야 했다. 자신의 실체를 Open하자 길이 보이기 시작했다. 경제상황이 악화되자 모든 산업이 구조조정에 들어 갔다. 이 회사는 역으로 영업인원을 늘렸다. 영업인원이 다른 회사보다 적음을 알았기 때문이다. 병원, 의원, 약국의 현안을 들여다보았다. 거래처인 이들에게 도움을 줄 수 있는 방안이 새로 보였다. 시간 끌 필요 없이 즉시 시행에 들어갔다.

병원, 의원과의 관례상 가장 껄끄러운 부분을 오픈하자 실마리가 보였다. 실체가 드러나지 않는 뒷거래 때문에 항상 고민이었던 부분이 사라졌다. 병원, 의원 구성원에 대한 교육을 도와주기로 한다.

현장방문 교육은 대성공으로 이 회사는 메이저의 메이저로 등극하게 된다. 다른 기업들이 벤치마킹 하고 싶어 했지만 선점의 효과는 아주 견고했다. 이미 오픈된 정보는 정보로서의 기능이 소멸되었기에 경쟁자에게는 의미가 없다.

치부로 보일 수 있는 부분까지 오픈하는 용기가 지금 필요하다.

영업제안의 오픈범위는 더욱 거져아 하며 이는 새로운 시상으로 여러분을 안내할 것이다.

✍ 1분 리뷰

: 제안에 대한 시각은 항상 최대로 열려 있어야 함을 증명해 보라!

Sales(영업) 언행(言行)에 대해서

영업은 사람을 상대로 이루어지는 일련의 커뮤니케이션의 한 과정이기 때문에 말과 행동이 기본적인 바탕을 이루게 된다. 영업직원 교육이 실행되고 있는 커리큘럼 중에는 Speech 교육과 의상, 행동 등 Manner 교육이 꼭 포함된다. 이왕이면 상대방에게 호감을 주는 언행의 모습을 보여주기 위해 오래전부터 관습적으로 행해지고 있는 교육이다. 안 하는 것보다는 교육을 통해 상대방과의 커뮤니케이션을 증대시키는 일은 영업현장 업무 처리에 긍정적으로 작용하게 된다.

영업 언행 교육은 Indoor 매장에서 소비자와 판매를 위해 노력하고 있는 영업인은 물론이고 Outdoor 영업으로 외부에서 계약을 위해 몸으로 뛰고 있는 영업인 모두에게 필요한 내용이다. 이 필요한 부분이 자칫 너무 과하거나 형식적으로 흘러 교육생, 교육자 그리고 영업현장에서 만나게 될 상대방에게 거부 반응을 보이게 된다면 안 하느니만 못하게 된다. 먼저 이런 과정이 실제 현장에서 얼마만큼의 효과를 내고 있는지 살펴보아야 한다. 영업하는 사람이면 의례적으로 받아야 하는 교육 정도로 생각하는 것은 아닌지도 검증해 보아야 한다.

사람들은 말 잘하는 것에 호감을 나타내는 성향이 있다. 말을 이쁘게 조리 있게 하는 사람에 대해서는 신뢰감을 높여가게 된다. 일상생활은 물론이고 학교, 사회생활, 영업현장 어디에서도 이 흐름은 적용이 된다.

오래전에 웅변학원이 호황을 누리던 시절이 있었다. 옛날만큼의 인기는 없지만 지금도 Speech학원으로 명명되며 우리 주변에 많이 산재해 있다. 지금은 다양한 이유로 Speech를 배우게 된다. 대부분 개인적인 이유가 주를 이룬다.

예전의 웅변학원을 다니게 된 이유는 크게 두 가지로 분류된다.

첫째, 여유 있는 집안의 자제가 소심하면 그 성격을 고쳐주기 위해서 강제로 배우게 했다. 실제 성격이 변했는지는 알 수가 없다. 둘째, 남들에게 내세울 것이 없었던 친구에게 상이라도 하나 손에 쥐어주기 위해서였다. 그런 친구가 상을 받았는지 자신의 위상이 올라갔는지도 알 수가 없다. 단지 주변의 시선을 끌고 어느 정도 자기 위안을 받는 정도의 효과는 있었다.

대단히 외람된 이야기지만 형식으로 출발해서 형식으로 끝나는 게 웅변학원이었다. 지금의 Speech 학원과는 확연히 차이가 있었다. 필요에 의해서 수요에 의해서 운영되는 것이 아닌 단순 목적에 초점을 맞추었다. 진정한 Speech가 필요한 게 아닌 Speech를 강제 용도변경해서 포장용으로 활용하는 데 필요했다. 성격 개조와 허울뿐인 상장 같은 개인용 포장지가 필요했을 뿐이다.

작금의 일상 언행은 어떻게 흐르고 있는가? 시대의 흐름이 일상적인 언행까지도 바꾸어 놓았다. MZ세대에서 줄임말이 대세를 이루고 있어 이를 Speech화 해야 되는지 딜레마다. 예의가 사라진지는 이미 오래 되었고 이를 가르치거나 강요해서는 안 되는 시대가 되었다. 사회흐름이 바뀌었는데 영업현장에서 동떨어진 언행을 주도할 수는 없다. 어떤 Speech를 가르치고 배움을 주어야 하는가?

실제 내용은 별로 중요하지 않게 되었다. 각자의 환경과 여건에 맞게 줄기만 제대로 세우면 된다. 상대방과의 마찰을 최대한 줄이고 거부 반응을 제어하는 수준이면 족하다.

작금의 영업인은 달변의 언어 연금술사가 살던 시대에 살고 있지 않다. 상호 서로에게 편안한 상황을 만들어 가는 게 중요한 시대이다.

백화점 고급 여성의류매장에 한 소비자가 들어선다.

"어서 오세요! 이쪽이 이번 신상 제품들입니다!"

"어머! 눈썰미가 예사가 아니시네요! 어쩜 딱 어울리는 제품 고르셨네요!"

"딱 하나 남았는데, 이거 판매되면 완판입니다!"

"이 옷에 잘 어울리는 하이 클래스 스카프는 어떠 실런지!"

"너무 멋지네요! 꼭 구매 안 하셔도 됩니다! 옷 맵시나 살펴보세요!"

"반갑습니다! 이번 계약 담당자 김과장입니다!"

> "어렵게 이 자리까지 오셨는데, 상무님께서 특별히 배려하라는 당부가 계
> 셨습니다."
> "실제 이번 계약은 저희에게 꼭 필요한 것은 아닙니다만…"
> "귀사와 계약되는 방향으로 진행할까 합니다!"
> "한 가지 선제 조건이 있습니다! 총 어마운트의 20% 정도 삭감이 필요
> 합니다!"

초면의 상대방에게 호의적으로 다가가는 것이 눈에 보인다. 현장
에서는 매끄러운 말솜씨로 상대방을 옭아매는 언어 구사가 나타나고
있다. 상대방은 어쩔 수 없이 끌려가다 의중에도 없던 결론을 내리는
우를 범하게 된다. 상대방의 현란한 언어 구사에 본인의 방향성을 잃
어버리는 경우가 발행한 것이다. 스스로 언행의 중심을 잡기도 전에
상대방의 돌진에 자멸하는 모습이 된 것이다.

영업현장에서 주고받는 언행은 어느 일방을 위한 메시지가 되어
서는 안 된다. 평범한 매장에서 판매자가 구매자에게 구사하는 오로지
판매만을 위한 얄팍한 상술형 언행은 지양되어야 한다. 구매자 또한
제품구매를 한다는 빌미로 판매자를 억압하는 자세는 버려야 마땅하
다. 영업계약에 있어서도 갑과 을의 관계를 악용해서 한쪽을 몰아세우
는 언행은 결코 바람직하지 않다. 갑을 관계라는 것은 언제, 어느 곳
에서 뒤바뀔지 모르는 것이 세상살이이기 때문이다.

사람과 사람 사이에서 일어나는 언행들은 조금 더 폭넓게 살펴볼 필요가 있다. 언행을 말과 행동만으로 규정하고 대응하는 것은 속 좁은 사고의 표본이다. 언행은 우리가 생각하고 있는 것보다 훨씬 더 커다란 바운더리를 형성하고 있다. 영업과 관련된 언행은 그것보다 더 큰 카테고리를 유지하고 있다.

P백화점 할인 코너가 개장되었다. 고가의 넥타이가 70% 할인되어 판매되고 있다. 우연찮게 할인 넥타이를 구매한 사람이 같은 백화점 본점 매장을 방문하게 된다. 본점 할인코너에서 똑같은 넥타이가 80% 할인되어 판매되고 있었다. 속임수 판매정책에 항의를 하게 된다. 백화점측은 자사의 판매전략일 뿐 절대 속임수가 아니라고 답변한다. 최고 책임자와의 독대까지 이어지며 문제점 해결을 논하게 된다. 백화점은 인식의 차이가 있음을 인정하고 소비자 요구를 일부 수용한다. 처음 요구사항은 메스컴에 자비를 들여 잘못된 점을 광고하도록 요구했다. 너무 과하다는 백화점의 요구를 받아들여 대자보를 붙이는 선에서 협의하다. 차등 판매가 이루어진 본점과 지점 2곳에 각각 10장의 대자보를 붙이게 된다. 차액에 불만이 있는 구매자에게는 환불해주겠다는 안내문이자 사과문이었다.

영업현장에서 흔하게 볼 수 있는 광경은 아니지만 발생할 수 있는 상황이다. 얼핏 영업과 연계된 언행으로 보기에는 견해 차이가 있을 수 있다. 시각의 차이가 있을 수 있으나 엄연히 중대한 언행의 내용이다. 백화점측이 자사의 전략을 강조하는 말만 되풀이했다면 마찰은 더 깊어졌을 것이다. 흔히 이야기되는 진상손님 취급하여 선물공세의 행동으로 무마했을 수도 있다.

실제 이런 유사한 언행의 모습은 주변에서 어렵지 않게 찾아볼 수 있다. 포장용지 안에서 이물질이 발견되면 최대한 빨리 입막음을 하려는 행동을 하게 된다. 메스컴에 알려지기 전에 이를 저지하려는 부서도 별도로 존재했었다. 전단지와 다른 고기를 판매한 사실을 무마하기 위해 취했던 마트의 언행을 기억한다. 제품의 우수성만을 강조하고 약점 노출을 꺼리는 언행을 관행으로 덮을 것인가?

금융기관의 ATM기에 입금용 동전구멍을 뚫는데 10년이 걸린 언행을 어떻게 설명하고 받아들여야 하는가! 내년에 꼭 반영한다고 했던 약속을 그리 오래 묵혔던 이유는 무엇일까? 어마어마한 이익을 냈다고 홍보하고 명예퇴직금으로 수억씩 지급하면서도 사회와 소비자를 위해서 과감하게 투자한다는 언행에는 왜 그리 인색한지 되돌아보아야 한다.

다들 입은 살아있어 이야기 해 주면 적극적으로 반영하겠다고 한 약속을 몇 % 지키고 있는가? 그에 대한 피드백을 솔선수범해서 알려준 조직을 본적이 없다. 현장에서의 언행을 정당화하기 위해서 순간을 넘기는 술책으로 대응하는 것은 더 이상 용납되어서는 안 되는 일이다.

하찮은 우유 한 팩으로 고민하며 밤잠을 설쳤던 스튜 레오나드(Stew Leonard's)의 경영방침을 기억해야 한다. 매장에서 자사 직원과 곱지 않은 언행이 일어났던 그날 저녁에 문제를 제기했던 할머니를

생각하며 잠을 이루지 못한다. 양쪽의 잘잘못을 골똘히 생각하다 뜬눈
으로 밤을 세우고 제일 먼저 슈퍼마켓에 출근한다. 그리고 거대한 돌
에 밤새 생각했던 정책을 새겨 넣은 기념비를 세우게 된다.

Our Policy

Rule 1. The customer is always right

rule 2. If the customer is ever wrong, reread the rule 1.

규칙 1. 고객(소비자)은 항상 옳다.

규칙 2. 고객(소비자)이 틀렸다고 생각하면 규칙 1을 다시 읽어라.

이제 지난 언행을 되풀이하는 과정은 삭제되어야 한다.

죽은 언행의 악습으로 힘들어 하는 일은 없어야 한다.

살아있는 언행을 지금부터라도 실천할 때이다!

당신이 언제나 옳듯이,

상대방(소비자)은 항상 옳다!!!

✎ 1분 리뷰

: 표리부동함을 견제할 수 있는 내면의 의식 정리정돈!

Sales(영업)의 토양 Market(시장)에 대한 연구

　　시장은 우리에게 아련한 옛 추억의 향수로 다가온다. 어려웠던 시절 잡다한 먹거리를 제공해 주었던 마음속의 고향 같은 곳이다. 어머니를 따라서 시장에 가기만 해도 즐겁고 행복한 시간으로 가득 찼었다. 이제 이런 시장에 대한 생각은 사라져가는 재래시장으로 압축되어 버렸다. 다양한 시장들이 주변에 생겨 그런 시장에 빠져 생활한지 오래 되었다. 개인적인 일상생활의 많은 시간이 시장과 연동되어 돌아가고 있다.

　　시장을 학문적으로 풀어 보면 상당히 복잡다단하게 전개됨을 알게 된다. 추상적 시장, 상설시장, 5-7일 시장, 계절시장, 농수산물시장, 약령시장, 금융시장, 할인시장 등. 여기서는 영업과 연계된 내용으로 시장을 살펴보고자 한다.

　　기업을 운영하는 경영주의 입장에서는 시장은 경영의 시작과 끝이라 할 수 있다. 시장 없이는 기업은 존재의 가치를 잃게 된다. 현장에서 영업활동을 하는 영업인들에게는 일할 수 있는 터전의 근거지가 시상이나. 이 시상 속에서 보는 경영과 영업의 정사진이 그려지고 완성되어 간다.

단순히 시장을 영업의 활동무대로만 생각할 수 없는 문제가 다가온다. 하루하루 시간을 보내는 장소가 아닌 살아남아야 하는 명제의 실천이 따라오는 곳이다. 영업은 계약과 매출 그리고 이익이 동반되는 일사불란한 흐름을 시장에서 유지해야 한다. 경영 또한 투자대비 성과 창출에 온 힘을 쏟아야 하는 곳이 시장이다. 시장이 경제, 경영활동의 총성없는 전쟁터가 되어 버렸다. 시장에서는 생존해야 하는 전략의 충돌로 하루가 조용할 날이 없다.

지난날 시장을 대했던 사고에서 벗어나야 하는 Turning-point를 맞이하고 있다. 작금에 이르기까지 오랜 기간 동안 시장은 경쟁(Competition)하는 곳으로 생각해 왔다. 일정 부분 틀린 말은 아니지만 경쟁만으로 시장을 지배하던 시대는 지나갔다. 시장에 진입하게 된 것도 내가 살기 위해서였고 전략을 기획한 것도 같은 맥락이다. 피 터지게 싸움을 걸고 싸움을 받아 주는 곳이 시장이 아니던가! 모두가 힘겨운 싸움을 해왔으며 적자생존을 실현한 기업만이 지금 이곳에 서 있다. 기존의 싸움에서 살아남은 기업도 주저앉아 있을 시간이 없다.

이제 새로운 시장이 열리고 새롭게 도전의 날을 세워야 하는 순간이다. 경쟁의 사고에서 뛰쳐나와야 새로운 시장에 자신 있게 진입하게 된다. 신도시에 50여 개의 점포들이 모인 먹거리 촌이 형성되었다. 젊은 세대주가 주류를 이루고 있어 작은 시장이지만 활성화되어 있었다. 후발 주자로 나선 고기집에서 가격을 내리며 경쟁에 돌입했다. 마지 못해 한두 집이 따라 나섰고 시장은 혼탕 속으로 빠져 들었다. 여타 업종의 점포들도 가격에 민감하지 않을 수 없었다. 시간이 지남에 따라 폐업하는 점포가 생겨나기 시작했다. 경쟁을 이끌고 있는 후발업체는 쾌재를 불렀다. 곧 시장이 통일되고 자신이 이 먹거리의 왕좌로 등극할 것이라 장담했다. 급기야 거의 모든 점포가 업종 변경을 하거나 자진해서 폐업을 했다. 작은 시장이지만 전체를 석권해서 독식할 것으로 기대했던 후발주자는 멈칫했다. 일순간 시장이 썰렁해지며 먹거리 촌의 모습을 잃어버렸다. 소비자들은 선택의 폭이 현격하게 줄어든 이곳을 더 이상 찾지 않기 시작했다. 후발주자도 막을 내렸다. 동반 몰락을 본인이 경쟁을 통해 보여준 꼴이 되었다.

시장은 경쟁하는 곳이 아니다.
더 이상 경쟁으로 시장을 리딩해서는 생존하기가 쉽지 않다.
시장은 내 스스로가 만들어 가는 곳이어야 한다.
시장(Market)은 경쟁하는 장소(Competitive-Area)가 아닌 창조하는 공간(Making-Area)으로 다가가야 한다.
내가 창출해 낸 시장은 진입장벽을 내가 컨트롤할 수 있게 된다.

내가 만들어 가는 시장은 기존의 시장과는 아주 다른 신시장으로만 고착화시킬 필요는 없다. 기존의 형태를 유지하면서도 얼마든지 새로운 시장을 만들어 갈 수가 있다.

부산 대저동에서 비닐하우스 토마토 농사를 짓던 농사꾼이 신 시장을 만들어 냈다. 기존 토마토에 방향성만 바꾼 새로운 토마토 Naming

을 시도했다. "짬짤이"라는 이름 말고는 특별하게 변한 것이 없었는데도 새로운 시장이 열렸다. 그 수요는 가히 폭발적으로 이어졌고 너도나도 관심을 갖고 뛰어들기 시작했다. 시장의 키는 선점자가 쥐고 있었기에 충분히 컨트롤이 가능했다. 상표등록을 하고 뒷전에 물러서서 상황을 관조하게 된다. 만들어져 있는 시장에서 일부 수요를 믿고 경쟁의 틈바구니에 몸을 밀어 넣을지 아니면 나만의 경쟁력을 갖춘 시장을 만들어 주변을 리딩할지는 본인이 결정할 문제이다. 이런 결정조차도 제대로 하기 어려운 상황을 만들었다면 반성으로 되짚어 보아야 한다. 시장을 보는 시각이 경쟁으로 마비되었기 때문이다.

시장을 있는 그대로 볼 줄 아는 것도 용기이다. 그저 현존하는 시장의 수요만 측정해서 경쟁자를 압사시키는 일에 몰두했기에 시장은 더욱 멀어져 갔다. 시장을 내가 끌고 갈 수 있다는 생각이 용기로 이어져야 한다. 새로운 시장을 만드는 일은 학벌, 인맥, 스펙, 자격증이 전혀 필요하지 않다. 실행할 용기만 있다면 가능하다.

초등학교 때 미국으로 이민을 가서 대학을 졸업하고 컨설팅 회사에 근무하던 친구가 있었다. 어느 날 미국에서 열풍에 휩싸인 그루폰 (Groupon) 이라는 회사를 접하게 된다. 도대체 이게 뭔가? 무엇이길래 이렇게 사람들이 열광하는가? 세밀하게 살펴보고 결론을 내렸다. 아무 것도 아니었다. 별일 아닌 이런 플랫폼으로 돈을 쓸어 담고 있다는 것이 의아했다.

그루폰이 2008년 피자구매 할인 티켓 판매를 시작으로 순식간에 새로운 시장을 일구어냈다. 단순 할인쿠폰을 판매하는 것이 아닌 일정 수준의 소비자가 모이면 할인되는 선불쿠폰이었다. 2년 만에 그루폰의 기업가치는 13억 5천만 달러로 평가될 정도로 급성장하고 있었다. 그루폰을 지켜보던 이 친구는 강한 충격을 받았다. 이게 돈이 된다면 나도 할 수 있겠다는 생각이 들었다. 이 플랫폼 시장은 자기가 어렸을 때 아파트에서 열렸던 마을장터 내용과 같았기 때문이다. 바로 공동구매였다! 미국에 더 머물러 있을 이유가 없었다. 바로 모국인 우리나라로 들어와 한국 최초의 소셜커머스(Social Commerce)를 차리게 된다. 자본금 500만 원으로 "티켓 몬스터"라는 기업을 만든다. 대성공을 거두고 1년 후에 그루폰의 자회사인 소셜리빙에 3000억에 매각한다.

엄청난 노력으로 이루어낸 성공이지만 그 이전에 사장을 보는 눈과 시장을 만드는 용기와 실행이 있었기에 가능했다. 새로운 시장은 누구나 볼 수 있다. 실행을 하고 안 하고의 차이가 그 시장을 자기 것으로 만드느냐 아니냐의 결과를 만들어 준다.

이제는 우리 시야에서 사라진 생활의 公器(생활利器)가 있었다. 필름 카메라이다. 지나간 시간을 붙잡아 두고 싶은 인간의 욕망을 채워준 生活利器였다. 필름 카메라이기 때문에 사용 시 꼭 필름이 필요했다. 한때 필름산업이 상당한 번창을 하고 있었다. 필름 카메라에서 디지털 카메라로 트렌드가 옮겨오면서 필름산업은 사양산업이 되었나. 본연의 시장을 잃어버린 것이다. 당시 필름업계는 4대 천왕이 장악하고 있었다. 필름업계 지존 미국의 코닥, 유럽계 아그파, 그리고 일본의 후지필름과 코니카였다. 이 중에서 후지필름만 건재함을 보이고 있으며 나머지 3인방은 명목상 이름만 유지되고 있다.

디지털 카메라가 치명타를 날렸는데 아이러니 하게도 세계최초의 디지털 카메라 개발은 코닥이었음을 기억하고 있는가?

필름으로 먹고사는 기업이 필름을 포기해서는 안 된다는 게 경영진 포함 조직의 분위기였다. 잘못하다 경쟁자들에게 먹거리를 넘겨주는 일은 없어야 된다는 게 중론이었다. 시장을 오로지 경쟁으로 보고 대응하였던 치명적인 오류를 범하고 만 것이다. 디지털 카메라로 새로운 시장에 도전하는 행동을 취하지 못한 점은 두고두고 한으로 남는다. 결국 코닥은 2012년 파산보호신청을 하기에 이른다. 나머지 2개 회사인 아그파와 코니카의 현실도 대등소이한 상황에 몰려 있다.

후지필름이 살아날 수 있었던 것은 시장을 제대로 읽고 새로운 시장에 스스로 몸을 던진 결과이다. "필름을 버리고, 필름으로 살아남다"란 책이 발간되었다. 새로운 혁신을 보여주는 서적이다. 후지필름은 과감한 시도를 실행한다. 기본이 화학회사였기에 기본 화학으로 할 수 있는 제품에 손을 대기 시작했다. 바이오에 구심점이 형성되자 새로운 시장을 포용하며 리딩하게 된다. 아무도 성공의 가능성을 예견하지 못했지만 새로운 시장에 안착하게 된다.

시장을 바라보는 눈은 다 똑같은데 방향성을 재단하는 능력은 왜 차이가 날까요? 기존의 틀을 버리기가 어렵고 새롭게 시도하는 과정에 나타나는 두려움 때문일 것이다. 두려움은 정공법으로 정면돌파하는 모험이 요구된다. 사람은 근원적으로 모험을 즐기는 동물이다. 이 모험이 세상과 시장을 여는 중요한 단초가 되고 있다.

영업현장을 누비는 영업인은 물론이고 사회생활에 구성원으로 일을 하는 사람 모두는 시장에 항상 열려 있는 자세가 필요하다.

시장에 끌려다니는 모습이 아닌 시장을 이끄는 모습이 절대적으로 필요한 시대이다!

시장은 더 이상 경쟁하는 곳이 아닌 상생하는 마당터임을 주지해야 한다.

시장은 내가 making하는 곳임을 직시하라!

✍ 1분 리뷰

: Market을 경쟁구도가 아닌 상생을 위한 충분조건으로 분석하자!

Sales(영업) 현장을 지배하는 전략 & 전술

(New Normal New Sales Strategy & Tactics)

Sales(영업)전략 트렌드

소비자가 세상을 지배하는 시대에 살고 있다. 기업도 영업도 영업인도 소비자와 상생의 나래를 펼칠 수 없다면 존재의 명분을 잃게 된다. 기업들이 신제품을 개발하고 시장에 출시하는 이유는 자명하다. 조건 없이 살아남기 위해서이다. 그렇게 하기 위해서는 소비자들에게 어필하는 소구(訴求)가 절대적으로 필요한 시대이다. 새로운 시대가 열려가고 있지만 전략은 구태의 모습을 벗어나지 못하고 옛날의 찌들은 감성에 갇혀 정체의 터널을 지나고 있다. 누군가 새로운 전략을 만들고 치고 나가기를 기대하고 있는 것은 분명하나 정작 본인 스스로 그런 기회를 만들지는 못하고 있는 상황이다. 대부분이 손을 놓고 하늘만 쳐다 보며 천수답 앞에서 비가 내리기를 기원하는 모습이다. 이 천금 같은 기회를 왜 가져가지 않고 있는지 반성의 고삐를 잡아 틀어야 한다.

기본에 충실하고 흐름을 지배하자!

오늘을 살아가는 우리가 가져야 할 마음의 자세이다. 흐름에 뒤처지지 말자는 것은 새로움에 맹목적으로 집착하자는 뜻이 아니다. 무조건 옛날식은 안 되고 최신의 것만이 유효하다는 생각은 버려야 한다! 나이 먹은 사람들을 꼰대라고 몰아붙이며 성별하는 분위기가 팽배하다. 그러면서 꼰대들의 노래에 빠져드는 이유는 무엇인가? 한때 젊은 신세대들을 위한 Music 경연대회가 세상을 뜨겁게 달구었던 적이 있다. 신세대들의 노래를 소화하지 못하는 구세대는 사회의 들러리였다. TV 채널을 돌려도 멈출 곳이 마땅하지 않아 이내 전원을 껐다. 그러던 분위기가 한 순간에 옛날 트로트로 옮겨왔다!

트로트 무대가 TV화면을 가득 채우자 사회의 흐름도 트르트 열풍으로 옮겨갔다. 젊은 친구들도 트르트에 열광하는 모습이 시야에 들어오기 시작했다. 옛날의 향수가 그리워 인위적으로 복고풍의 모습을 재현한 것은 아니었다. 자연스럽게 과거의 흐름이 재현되는 타이밍이 돌아온 것뿐이다.

세상의 흐름은 순환의 리듬을 타고 움직인다.

코로나가 인류를 덮쳤다. 펜데믹이 온 세상을 신음 속으로 밀어넣었다. 일상생활은 멈추어 섰고 고요한 사회 분위기 내부에는 고통으로 가득 찼다. 국가의 통제와 움직임 앞에 사회는 암울한 침묵 속에 갇혀 버렸다. 기업경영도 제한되어 간신히 숨만 내쉬는 꼴이 되어 버렸다. 자연히 영업활동도 타격을 받고 정체된 상황 속에 갇혀 버렸다. 사람들은 살아야 했기에 새로운 방향성을 모색하기 시작했다. "비대면"이라는 흐름이 수면 위로 급하게 떠올랐다. 펜데믹을 차단하기 위한 고육지책으로 받아들여졌다. 사람들이 모이고 만나는 것을 법으로 제한하자 대면 생활은 와해됐다. 영업도 재택근무, 비대면으로 가까스로 명목만 열어 놓는 정도였다. 펜데믹 기간이 길어지자 비대면의 영향력은 더욱 커져갔다. 일상의 모든 것이 비대면화 되어가는 것이 아닌가 할 정도로 비대해져 갔다. 비대면 신봉자들은 이 기회를 확대시키기 위해 광적으로 노력을 경주했다. 영업도 비대면의 쓰나미 파고에 휩쓸려 버렸다. 재택근무가 늘어나자 비대면 영업이 정설로 둔갑되어 갔다.

코로나 펜데믹에 모든 책임을 전가하는 분위기가 이어졌다. 비대면도 일시적인 국면전환의 한 방편인데 이를 너무 포장 확대했다. 대면은 우리에게서 영원히 멀어질 것으로 와전시켰다. 사람들은 혼란에 빠졌고 영업도 길을 잃고 거리를 헤매게 되었다. 특히 우리는 일방향으로 한번 빠져들면 헤어나지 못하는 편향된 사고를 가지고 있다. 비대면이 영원히 우리를 지켜 줄 것으로 착각하고 있었다. 잠시 잠깐, 힘든 시절 비대면이 사회를 보호해줄 수 있는 막을 형성해 주었던 것은 사실이다. 이런 방향성을 인정하고 이끌어 가며 또 다른 흐름을 병행했어야 했다.

세상은 쉬지 않고 순환을 한다는 것을 인정해야 한다.

자원재생에만 Recycling이 있는 게 아니라 세상 모든 흐름은 순환 속에서 움직여 간다. 지구가 둥글다는 것을 지구과학이나 물리학으로만 풀어 볼 것이 아니라 우리의 사고, 생활리듬, 기업시스템, 국가체계도 순환 범주 내에서 움직여 간다고 보고 대응해야 한다. 비대면 생활 속에서 우리는 보다 더 명확한 내용을 알게 되었다. 비대면은 오래 지속하기가 힘들겠구나 하는 일련의 정황 말이다. 학교수업, 영업활동, 구매패턴, 관공서 대응, 교통수단 등 비대면의 염증이 쌓여 갔다. 코로나가 종식되면 대면이 더 강화되는 흐름으로 갈 것이 자명하다고 보고 있다. 지금 당장은 5:5 정도로 균형을 맞추고 있는 것으로 보인다. 일시적으로 비대면이 강화되어 점유률이 높아질 수도 있다. 계속해서 비대면의 수위가 올라 갈 것이라고 예측하는 사람도 있을 수 있다. 세상만사가 다 그러하듯 한쪽이 기울면 다른 한쪽이 다시 올라오는 순환이 이어지게 된다. 회기본능을 찾지 않더라도 대면으로 다시 정리되는 국면이 찾아올 것이다. 궁극적으로는 일부만 비대면으로 남고 나머지는 유턴하리라 생각된다.

겉으로 드러나지 않은 불만의 잔불이 비대면 속에서 지속적으로 쌓여가고 있다. 쌓여가는 불만을 일일이 대응하기도 쉽지 않다. 그냥 묻어 두고 있을 뿐이다. 그런 틈바구니를 파고들어 얄팍한 상술이 난무하고 있다. 사이즈, 색상, 디자인, 재질이 비대면(On-line)과 너무 다르게 배달되는 경우가 늘어나고 있다. 조명, 카메라, 촬영기술, 영상편집 등의 기술발달로 홍보자료가 오염되어 가고 있다. 배송날짜가 잘 지켜지지 않은 것은 덤으로 다가오는 상술의 아픔이다. 대면으로 확인하지 못하는 부분을 철저하게 악용하고 있기도 하다. 특히 농산품에서 두드러진다. 옥수수, 감자, 고구마, 등 육안으로 식별이 어려운 재고작물이 당해 생산된 제품으로 판매되는 것을 그저 지켜만 보고 있다.

비대면으로 슬쩍 어려움을 넘기려는 전략은 멈추어야 한다. 더욱 더 대면을 강화한 전략으로 무너진 신뢰를 만회해야 한다. 영업전략이 새로운 길을 달려가기 시작했다. 우리가 전혀 모르는 암흑으로 찬 길이 아니라 무시하고 외면했던 길이다.

언젠가는 가야 할 길이기 때문에 생소하지는 않다. 대면생활 속에 묻혀서 미처 보지 못하고 있었던 부분을 이제 재정비해야 한다. 일시 확대되었던 비대면의 생활을 통해 그동안 잘못되었던 부분에 대한 반성을 심도 있게 탐구해 보아야 한다. 또 다시 닥쳐올 새로운 Trend를 슬기롭게 대처하기 위해서라도 분위기 쇄신은 필요하다.

Trend는 언제나 안개 속에서 다가오지 않았다. 선명한 자태를 보여 주었지만 우리가 무심코 지나쳤을 뿐이다. 판매자였건 구매자였건 영업이 변해가는 과정을 명확하게 직시하고 있었지만 그냥 못 본체 하는 것이 속 편하다고 생각했을 것이다.

새롭게 다가오는 영업전략의 Trend는 정면승부로 결판을 내야 하는 흐름이다.

순환되는 흐름을 겸허하게 수용하는 모습을 보여야 할 때이다!

✍ **1분 리뷰**

: 세상 모든 전략의 핵심은 유연함과 순환이 되어야 하는 이유를 정
  리해 보자!

Sales(영업)전략이 기업에 미치는 영향

　　지속성장을 거부하거나 스스로 자기 앞날에 제동을 거는 기업은 없다. 기업이 경영활동을 이어가는 목적은 지금보다 성장된 모습을 기대하기 때문이다. 다양한 분야에서 전략을 기획하고 실행하는 과정이 이어지고 있다. 모든 전략이 성공적인 지표를 만들어 내지는 못한다. 전략이 만들어지고 이행되는 상황을 기업들은 미래를 위한 투자로 본다. 실제 전략의 실패를 문제 삼지 않는 이유이기도 하다.

　　가장 실질적이고 역동적인 전략은 영업전략이 되어야 한다. 기업이 매출을 올리고 이익을 내지 못하면 성장은 요원하기 때문이다. 중소, 대기업 규모에 상관없이 기업들은 Output에 최고의 관심을 갖게 마련이다. 영업전략은 여타 전략과 달리 관리가 목적이 아닌 생존이 전략의 목표로 주어져 있다. 기업들이 바라보는 영업전략의 실제 모습을 들여다보도록 한다.

　　통상적으로 알려져 있는 영업전략의 수립과 이행단계를 정리해 보자.

① 경제, 경영 Trend & 영업환경 분석과 예측
② 영업 경쟁구도에 대한 상황 정리
③ 제조업이 갖추어야 할 기본영업전략

④ 서비스업에 내재되어야 할 핵심영업전략

⑤ 금융업 솔루션 접목 영업전략 정리

⑥ 고객관리 영업전략 방안 도출

⑦ 자영업자 영업전략 방안 추출

⑧ B2C 영업전략에 대한 방안 수립

⑨ B2B 영업전략에 대한 방안 수립

⑩ B2G 영업전략에 대한 방안 수립

열거된 다양한 분야에 대한 영업전략은 정통적으로 기업들이 수행해야 할 덕목으로 굳이 내용을 부연 설명할 필요는 없다. 너무 잘 알고 있는 내용이자 이를 모르고 이 전략을 수행하는 기업은 아무도 없기 때문이다.

영업전략을 논하게 될 때 가장 기본이 되어야 하는 것이 있다. 영업현장의 경험을 가지고 있느냐 하는 문제이다. 오랜 기간 현장감각이 떨어지는 기획팀이 주로 전략을 담당해 왔다. 기업의 브레인들이 모여 있는 곳이기에 구성원들의 기대가 큰 조직이다. 문제는 이론적으로는 완벽하지만 현장의 여건이 충분히 소화되기에는 부족한 면이 있다. 영업전략 수립초기부터 영업팀과 갈등이 불거지는 것은 이런 부분 때문이다. 이 갈등을 최소화하는 것은 기업 전체 조직이 가져야 할 사명이다. 구성원 모두의 공감대가 형성되도록 기업 상층부가 이끌어 가야 한다.

이 영업전략이 현장에서 쓰임새가 있을지, 시장에서 먹힐지, 소비자와 공감대를 형성하게 될지는 이론적으로 완벽한 전략 Frame에 의해서가 아니다. 40여 년간 우리가 받들며 잘 써온 전략의 대부분이 이런 이론적 전략 Frame 범주에 속해 있었다는 것은 다 아는 사실이다. 어찌보면 이런 전략으로 이 만한 성과를 올릴 수 있었다는 것은 참으로 경이적인 일이 아닐 수 없다. 영업전략이 기업 전체 분위기 흐름에 미치는 영향을 명확하게 살펴보아야 한다.

어떤 일이든 시작할 때 주도권을 쥐고 일하고 싶은 마음은 사람이라면 다 가지고 있다. 일이 많고 적고, 어렵고 힘듦과 상관없이 내가 주도하는 방향성을 추구하고 싶어한다. 규모가 작은 중소기업 일수록 이런 모습은 자주 눈에 띄게 된다. 대기업도 이런 카테고리에서 자유로울 수 없다. 영업전략이라는 기업의 사활이 걸린 사항에 대해서는 더욱 예민해질 수밖에 없다. 자신의 의견을 관철시키려는 노력이 치열하다. 흐트러진 이런 분위기를 봉합하고 여러 갈래의 의견을 결집시키는 작업이 우선이다.

영업전략의 청사진을 그리려고 할 때 먼저 떠올리는 것이 있다. 나와 우리의 강점을 찾아내는 일이다. SWOT 분석을 통해 강점, 약점, 기회, 위험요소를 알아볼 필요는 있다. 그렇다고 분석된 자료가 모두 전략으로 수립될 필요는 없다.

우리 기업의 강점.
우리 영업의 강점.

우리 영업의 강점이 시장에서 활성화되는 것 하나면 충분하다. 강점도 제대로 활용하지 못하면서 약점, 기회, 위험요소를 전략화 하는 것은 시간 낭비다. 귀중한 시간에 강점을 더욱 견고하게 세우는 강점의 핵심전략화가 절대 필요하다. 이와는 반대로 그럴듯한 도식과 다양한 요소로 전략을 포장하는 일은 영업이 실패했을 때 자기합리화에 필요하기 때문이다. 변명 거리와 이유로 영업전략의 요소들을 설명하게 된다. 영업전략은 기업에 구심점을 찾아 주는 중요한 작업이다. 영업전략이 오히려 기업의 응집력을 와해시키는 분란의 씨앗이 되어서는 절대 안 된다.

강점이 강점을 낳는 새로운 기회를 만들 줄 알아야 한다!

시장에 차별화 정책을 제시하는 일에 기업들마다 상당한 노력을 펼치고 있다. 시장에 상존하는 경쟁자들과 어깨를 나란히 하거나 우위를 점하기 위해 애쓰고 있다. 내가, 우리 기업이 살아남기 위해서 게을리해서는 안 되는 작업이다. 먼저 한 가지는 분명하게 염두에 두고 이야기를 전개하고자 한다. 위에서 언급하는 경쟁자는 파멸시켜야 하는 적대적인 개념의 존재가 아닌 동업자이다. 경쟁자를 단순히 적으로 간주하는 파국의 상황에서 나와야 한다. 경쟁만을 위한 경쟁은 전략이라고 볼 수 없는 한 번 슬쩍 터치해 보는 습작에 불과하다. 보다 더 선명하게 나를 조명해 보는 안목을 가져야 시장을 리딩하는 힘을 가지게 된다.

차별화 전략을 전개하는 데 기본이 되는 경쟁자에 대한 압박을 풀어내면 전략은 가벼워진다. 이는 국내전략뿐만이 아니라 세계화된 국제전략에서도 공히 적용된다. 우리나라를 대표하는 삼성, 현대차, SK, LG 기업에도 긴밀하게 연결되어 검토되어야 한다. 나 살자고 기획되는 영업전략이지만 나만 혼자 살아남는 공간이 되면 나도 도태된다. 동업자와 경쟁을 하며 살아남는 전략이 별도로 있겠는가? 나만 혼자 애쓰다 자멸하는 것은 아닌가? 진정한 차별화 전략의 구심점은 무엇이 되어야 하는가? 차별화 전략이라는 미명 아래 시장 차별화가 아닌 소비자 차별화로 나아가고 있는 건 아닌지?

동업자와 상생의 모습을 보이는 것만으로도 시장에서 차별화된 흐름을 주도하게 된다.

치열한 영업활동을 통해 거두어들인 영업성과는 세밀한 분석과 평가가 뒤따르게 된다. 영업전략 전체에 대한 덕담과 비판이 교차하게 되는 것은 당연한 하나의 흐름이다. 아쉽지만 영업전략은 처음부터 비판보다는 긍정의 목소리에 더 초점이 맞추어져 있다. 과정과 결과에 대한 비난의 화살을 피하고자 영업전략도 이에 맞추어 설정되는 것이 관례였다. 처음부터 인위적으로 꿰어 맞춘 영업전략을 성과라는 포장으로 감싸는 것은 웃지 못할 해프닝이 아닌가 싶다. 그런 성과를 마치 자연스런 결과로 받아들이고자 하는 것은 더욱 참담한 일이다. 물론 모든 전략이 다 이런 상황으로 흘러가지는 않지만 그동안 우리들의 경제, 경영활동에 참여했던 사람이라면 이를 부인하기는 어려울 것이다.

이런 작위적인 영업전략과 그 전략에 따라 손에 받아 쥐게 된 영업성과를 잘 다듬어진 숫자 놀음판에 얹어 놓고 입맛에 맞게 다듬는 작업을 무어라 설명을 해야 하는가? 영업성과는 다듬어서 내놓는 맛깔나는 겉절이 김치가 아니다. 현장의 진흙탕 속에서 간신히 건져 올린 오래된 속옷이어야 한다. 낡아 빠진 속옷이지만 힘든 여정을 거쳐오는 동안 우리의 정신적인 지주 역할을 해 주지 않았던가 말이다! 그 속옷을 걸치고 만들어 낸 성과는 금액으로 환산이 안 되는 가치이다.

데이터만을 뽑아내기 위한 영업전략은 지양되어야 하며 영업성과는 영업전략이 있는 그대로 보여 지며 순리적으로 만들어지는 프로세스이어야 한다. SWOT분석, 3C분석, Market Segmentation분석, Target Market 수립, 고객관리 및 서비스 관리 전략, KPI수립, 경쟁우위전략(Sustainable Competitive Advantage) 등 타의적으로 수없이 끌려 다녔던 형식 Box에서 과감하게 나와야 한다.

영업전략이 선명해져야 하는 밑바탕이 여기서 구축된다. 아직은 정리가 덜되어서 정돈이 안 된 상태로 투박해 보이지만 현장의 때가 많이 묻은 내용들이 전략의 핵심으로 들어와야 한다. 이야기의 내용이 영업 쪽에 편중된 것이 아닌가 생각할 수도 있겠으나 거꾸로 지금까지 비영업 쪽에 초점이 맞추어져 있었기 때문에 생각의 전환이 더딘 것뿐이다.

영업전략은 이제 모든 구성원이 기업을 안 가 본길로 이끌어야 하고 결과에 대한 책임을 공통으로 통감해야 하는 수순을 밟아야 한다! Top-down 방식의 수직 내림의 전략이 아닌 다양한 의견이 mixing되어 살아 숨쉬는 영업전략이 우리 곁에 뿌리를 내리도록 조직의 힘을 집중해야 할 때이다.

🖐 1분 리뷰

: 기업 내부의 갈등을 봉합시키는 디딤돌 기능으로서의 청사진 작성!

Sales(영업)전략 기본 틀 다지기

　　근래에 들어 고층 아파트 공사에서 대형 부실공사 사고가 연이어 발생하고 있다. 옛날에도 부실공사가 간혹 일어나곤 하였지만 그 당시는 기술력이 모자라서 그렇다고 받아들여졌다. 지금 세상은 인력, 기술력, 자재품질, 시공능력 어느 하나 부족한 것이 없는데도 불구하고 이런 부실공사가 일어나는 데에는 분명한 이유가 있다. 기초 설계는 완벽하게 마련되어 흠잡을 것이 없었지만 시공이 이어지면서 처음 하고는 다른 방향으로 공사가 진행되었기 때문이다. 벽 두께의 축소, 자재의 품질 저하 및 투입용량 줄임, 공기의 인위적 단축과 인력 배치의 부조화 등 시공전략이 중심을 잃었기 때문이다.

　　기업의 경영도 중심을 잃지 않고 무리 없이 진행되기 위해서는 분야별 전략이 마련되어 실행되어야 한다. 기획전략, 구인전략, 인사전략, 재무전략, 마케팅전략, 영업전략, 감사전략 등 세세한 전략들이 상하좌우로 연결되어 움직여 가야 한다. 각 분야별 담당자들이야 자신이 속한 분야가 가장 핵심이라고 이야기하고 있지만 현대경영에 있어 기업의 존폐가 달려있는 영업전략이 제1순위 전략으로 다가오는 것이 정설이다. 세계 최고의 품질을 인정받는 제품을 품고 있는 기업이라 하더라도 영업전략의 핵인 판매의 성공 없이는 살아남기가 쉽지 않다.

건설공사의 시공전략 부실은 실시간으로 커다란 물적, 인적 손해를 발생하게 만들지만 영업전략의 부실은 당장 판매실적의 저조가 나타날 뿐 시간이 지나가야 가시적인 문제점이 드러나기 때문에 소홀하게 대응해 왔다. 분기든 연간이든 일단 실적을 받아 들고 그에 맞추어 전략이 수정되는 경우가 대부분이다.

사람이 죽고 천문학적인 물질적 손해가 발생하지 않았다고 해서 발견된 문제점을 차후로 미루는 것은 지양해야 한다. 잘못된 점이 돌출되면 이는 즉시 치유해야 하는 것이 상식이다. 기존의 관행을 뒤엎고 새로운 전략을 접목하는 일은 어렵고 험난한 일이다. 누구도 먼저 나서길 꺼리고 설사 진두지휘하는 앞단에 서 있다 하더라도 주변의 동조를 얻기란 쉬운 일이 아니다.

모든 전략은 수정될 수 있다!
모든 전략은 상황에 따라 수정되어야 한다!
모든 전략은 수정되도록 설계되어야 한다!
영업전략은 이 수정전략이 기본으로 설정되어야 한다!

"이번 달, 이번 분기, 올해 연간 실적 너무 좋은 거 아니야! 내년 생각해 살살해라!"
"목표대비 200% 넘어 달성하면 인센티브 말고 뭐 또 없나! 고과, 승진...

글쎄!"

"이 팀은 이번 분기 목표대비 50%네요! 어쩌실려고! 경기가 나빠도 할건 해야지!"

"인원 보충이 안 돼서 목표달성 어렵네요! 그래서 임원인 내가 하리!"

"목표달성 조금 넘었다고 연·월차 휴가 막 가도 되나! 제 짤러 말어!"

"생산설비 줄였으면서도 영업목표는 변함이 없네요! 아! 내년에 보자구, 내년에!"

세상이 변하면 그에 맞추어 변신의 폭을 조율하는 게 세상 살아가는 지혜이다. 이런 기본적인 상식을 무시하고 폭주하게 되면 탈이 나게 마련이다. 건물이 붕괴되고 고속도로에서 대형 교통사고가 나야 참사인가? 영업전략이 무너지면 기업이 흔들리고 이로 인해서 구성원, 거래업체, 산업전체가 안개 속으로 빠져들게 된다. 이는 거시적으로 보이는 대형사고 보다 더 무서운 미래의 재앙으로 다가오게 된다. 현대사회는 다양한 분야가 맞물려 있어 한쪽이 기울어지면 연쇄반응을 일으킬 가능성이 매우 높다. 영업전략이 중심을 잃게 되면 경영은 한순간에 쓰러지게 된다. 경영이 붕괴되기 이전에 흔들리는 영업전략의 중심을 바로 세워야 새로운 도약의 발판을 설계하게 된다.

영업전략은 처음에는 확고하게 마련되어야 한다. 영업전략은 뚝심이 있어야 하는 한편으로 유연해야 한다. 주변 환경에 따라 언제나 변할 준비를 해야 한다. 수정은 필수이며 이를 수행하는 영업인은 수정에 인색해서는 안 된다.

세계 최고의 가전제품회사였던 SONY는 이제 더 이상 가전 브랜드 회사가 아니다. 워크맨, 바이오 노트북, 트리니트론 TV를 버리고 소니 뮤직, 소니 픽처스를 앞세운 문화 콘텐츠 강자로 변신했다. 10여 년 적자에서 시달리며 기업의 존폐 위기로까지 몰렸던 상황을 급반전시켰다. 2012년 국제신용평가사 피치가 소니의 신용등급을 "투자 부적격 수준인 BB−"로 강등도 했었다. 과감한 영업전략의 변신이 오늘날 재도약의 기틀을 마련했고 "엔터테인먼트 회사"로 새롭게 자리를 잡게 되었다.

우리는 이 교훈을 가볍게 보지 말아야 한다. 우리가 처한 현실이 SONY의 상황보다 더 무겁게 다가오고 있는데 아무도 나서지 않고 있는 것은 사회적 직무유기로 모두가 자성해야 한다. 40여 년간 우리나라를 먹여 살렸던 반도체, 최근 20여 년 세계시장을 누비고 다녔던 IT분야에서의 독주상황을 재정비해야 한다. 지금은 반도체, IT분야에서 뒤쳐지면 안 되는 상황으로 세계흐름에 보조를 맞추되 먼 미래를 내다보고 새로운 전략을 기획해야 할 때이다. 한 세기 전 반도체가 인류에게 소리 없이 다가왔듯이 반도체를 대신하는 발명체가 다가오면 반도체 회사들은 어떻게 되겠는가? 그 발명품은 벌써 우리 곁에 다가와 자리를 잡고 있으나 우리가 감지하지 못하고 있는 것일 수도 있다. 외면하고 무시하고 있기에 아직은 고개를 들지 않고 있는 중일 수도 있다.

모두의 시야에서 벗어나 있어 관심 밖이지만 종국에는 인류가 가야 할 곳으로 판단된다면 먼저 달려가서 선점해야 한다. 이것이 영업전략으로 바뀌어야 한다!

새로운 세상도 사람이 만들어 간다. 새로운 세상의 영업전략도 사람이 바꾸어야 한다. 세상 모든 전략은 언제 어디서든 Step by Step 으로 다가가야 한다. 소리 없이 다가오는 전략 중에서 영업과 밀접한, 소비자를 향한 전략이 선순위로 중요하다. 영업전략은 현장에서 도출 되고 현장 위주로 움직여 가야 한다. 유연하게 대처하고 폭넓게 대응 하기 위해서는 영업인 스스로 운신의 폭을 넓혀야 한다. 이는 영업전 략의 기본으로 자리를 잡아야 한다.

영업의 세상이 새롭게 열려 감에 따라 새로운 기류를 맞이할 준 비를 해야 한다. 과거의 관행을 답습하는 좁은 시야를 버리고 과감한 눈 트임 전략으로의 전환이 필요하다. 이런 혁신전략은 충분조건이 전 제되어야 한다.

"수정", "수정전략"이다.

불합리화한 부분을 고쳐서 정돈하는 과정이다. 수정과 수정전략 은 지난날의 잘못을 인정하는 것으로부터 출발한다. 반성 없는 수정전 략은 없다.

세상 모든 전략가들이 가장 싫어하고 하고 싶지 않은 일이 반성과 수정이다.
우리네 영업 전략가들도 이에 해당한다.
지금이 이를 바로 세울 절호의 기회이다.
수정할 수 있는 용기만 있다면 전략은 50% 성공을 안고 출발한다.

영업전략의 기본 틀이 이제 여기서 새롭게 싹 트임을 알리고 있다!

↳ 1분 리뷰

: 전략의 오류를 바로잡을 수 있는 용기에 대해 논하라!

Sales(영업)전략은 숫자놀음이 아니다

우리나라 사람만큼 등수 따지고 순위에 집착하는 민족은 없는 것 같다. 올림픽에 나가면 꼭 금메달을 따야 하고 순위에 들지 못하면 완전히 찬밥 신세가 된다. 시합에 나가서 좋은 성적을 내지 못하면 선수, 코치, 감독 모두 질타의 대상이 된다.

미국 여자골프(LPGA) 시합에서 우리나라 여자 골프선수들이 꾸준히 좋은 성적을 올리고 있다. 어마어마한 연습량과 우승을 해야 한다는 정신적인 무장이 다른 나라 선수들보다 월등히 강하게 작용하고 있다. 죽기 살기로 시합에 참가하는 것을 보고 한때 미국 여자골프협회에서 대한민국의 참가를 일부 제한해야 한다는 목소리가 있었다. 골프의 근본 취지인 사교적인 면이 잠식되고 있어 우리나라 골프협회에 오로지 시합에만 몰두하는 전투적인 의식의 개선을 요구했다. 이런 수치를 존중하는 흐름은 그대로 기업경영과 영업에 반영되어 이 순간에도 많은 기업을 압박하고 있다. 영업과 관련된 숫자는 매일매일 기록되며 영업인들의 어깨를 무겁게 하고 있다. '영업이 힘들어서 못 해 먹겠다.'라는 이야기는 결과물이 나오기 전이라도 예상했던 수치의 흐름을 벗어나고 있다고 판단되면 여지없이 고삐를 조이는 실행이 다가오기 때문이다.

이런 힘든 조건 속에서 지금의 영업, 경영성과, 세계 10대 경제대국을 일궈낸 관련 사람들의 숨은 노고는 긍정적인 평가를 받아 마땅하다. 이제 이런 결과가 지속적으로 이어져서 초 경제 강대국의 위상을 갖추기 위해서는 일부분 방향성을 바꿀 필요가 있다. 지금까지의 흐름 속에서는 거의 모든 것을 정량적인 판단, Quantitative로 저울질 해 왔다. 그런 판단이 옳고 그름을 따지기 이전에 오로지 숫자가 잘 나오느냐 아니냐에 초점을 맞추어 왔다. 많은 사람들의 희생이 따랐지만 이는 진행과정 중에 일어나는 하나의 자연스런 현상으로 간주했다.

대기업에 신임대표가 새로 부임을. 했다. 개략적인 회사의 상황을 파악하기 위해 임원회의가 소집되었다.

"이번에 새로 회사를 맡게 된 ㅇㅇㅇ대표입니다. 잘 부탁드립니다!"

"요새 경기가 상당히 어렵지요! 다들 힘들다고 하는데 우리회사는 어떻습니까? 아! 물론 여러분의 고충은 대략 알고 있습니다! 의견 부탁드립니다."

"당분간 적자 벗어나기 쉽지 않을 것 같습니다! 족히 2-3년은 더 어려울 것으로 보입니다."

"어허! 그 정도로 어렵습니까? 생각했던 것보다 상태가 심각하군요! 그래도 어쩌겠습니까? 다 같이 밀고 나가 봅시다. 제 임기 3년입니다. 3년 동안 매년 10% 성장 가능하도록 독려 부탁드립니다."

"그건 불가능 합니다! 성장은 고사하고 적자 줄이는 것도 어려워 보입니다."

"아, 그래요! 영업담당 임원 아니신가요? 내일 아침 나와 다시 이야기해

봅시다."

"하루 지나고도 생각에 변화가 없으신가요? 자, 다시 말씀해 보시지요."

"아닙니다! 20%도 가능합니다! 회사 전체가 참여하도록 앞장서겠습니다."

"아이고! 김상무, 감사합니다! 내 이 노고는 잊지 않겠습니다."

이 회사의 앞날이 어떻게 되었는지 궁금하시다구요? 뭐 그렇게 궁금할 것까지야 있겠습니까?

오로지 숫자 맞춤놀이에 몰두하는 모습이 전부였다. 이 숫자놀음에 상하좌우 조직이 너무도 일사불란하게 움직여 갔다. 확정된 목표가 분명했기에 달리 새로운 길을 택할 수 있는 여지도 없었다. 어려운 환경을 뚫고 3년을 잘 버텨냈다. 회사 조직, 구성원들의 고충은 말로 표현이 안 됐다. 3년의 결과 매년 10%는 아니더라도 7-8% 성장을 이끌어 냈다. 대단한 성과였다.

문제는 그 다음에 발생되었다. 기업대표는 그룹회장의 신임을 얻어 더 큰 회사로 영전을 했다. 직원들에게 감사하다는 말 한마디만 하고 떠나가 버렸다. 이제 이 회사의 시련이 시작된 것이다. 새로 부임한 신임대표는 6개월을 못 넘기고 계속 바뀌어 갔다. 마른행주 짜듯 3년을 쥐어 짠 조직이 정상일리 만무했다. 3년이 더 지나서야 조금씩 안정을 찾아갔다. 숫자놀음에 빠진 영업전략의 폐해는 생각보다 심한 후유증을 남긴다. 3-4년 기업하고 말 거라면 그렇게 숫자로 단기승부를 펼칠 수도 있다. 기업은 냉생소식이 아니라 하더라도 어느 정도까지는 지속 성장을 해야 한다. 안정적인 고용창출로 국가 성장의 한 축을 담당해야 하기 때문이다.

모 대형마트가 가시적인 영업전략으로 상품전단지를 이용하기로 한다. 많은 상품에 대한 할인정책을 전단지에 실어 배포를 실행했다. 제품마다 다른 할인률이 공지되어 나갔다. 한 가전제품에 60%의 할인율이 붙은 걸 보고 소비자가 구매에 들어 갔다. 계산할 때 60%가 아닌 20% 할인율이 적용되는 것을 알게 되었다. 즉시 항의에 들어 갔다.

"이거 사기 판매 아닙니까? 전단지에 분명히 60% 할인이라고 써 있는데 왜 20%만 할인합니까?"
"그런 일 없는데요! 정확하게 전단지 대로 판매하고 있습니다!"
"자! 여기 전단지에 60% 할인한다고 인쇄되어 있는데 아니라니요!"
"어디봅시다! 아이, 전단지를 잘 보셔야지요! 잘못 보셨네요!"
"아니, 뭘 잘못 보았단 말입니까? 여기 근거가 있는데 말입니다!"
"자세히 보세요! 최대 60% 할인이지 모두 60% 할인이라고는 안 되어 있지요"

소비자는 기가 막혔다. 분명 잘못 본 것은 인정할 수밖에 없었으나 60% 할인 앞에 써놓은 최대라는 말은 60이라는 글자의 1/5 수준으로 작았고 색체 대비로 거의 알아보기가 힘든 상황이었다. 이건 명백한 소비자 우롱사건이라고 반박했지만 자기회사의 영업정책이자 전략이기 때문에 어쩔 수 없다는 답변이 돌아왔다.

영업실적 영업 숫자만을 추종하는 마인드가 기업을 피폐하게 만든다. 그런 기업은 서서히 허물어지고 있음을 현장에서 직접 확인할 수 있다. 현재 상황에서 이를 과감하게 혁신할 사람이 없음은 더욱 안타까운 일이다. 영업전략은 기업을 건강하게 지속적으로 성장할 수 있게 디딤돌을 구축하는 작업이다. 숫자에 전략이 가려지면 영업은 사상누각이 되고 만다. 한 순간의 짜릿한 숫자의 허상을 벗어 던져야 한다. 전략도 전략 나름임을 재정비해 보아야 한다. 야바위꾼 숫자놀음을 어찌 전략이라는 간판으로 덮으려고 하는지 저의가 괘씸하기 짝이 없는 노릇이었다. 결국 그 대형마트는 우리의 뇌리에서 점점 멀어지고 있다.

전략은 수치적인 해석이 가능해야 함에는 이견이 있을 수 없다. 영업전략도 일정 부분 정량적인 결과로 평가받을 수 있음도 인정한다. 단지 수치만을 고집하는 숫자놀음은 과감하게 배격해야 한다. 영업전략은 영업인에 의해서 순수성을 잃지 않도록 설계되어야 한다. 비영업인에 의한 영업전략은 참고사항으로 남아야 함도 강조해 본다. 브레인들이 모여 있는 전략기획실의 그동안의 노고는 인정해야 한다. 허나, 이제 세상은 현장을 지배하는 자가 Leading Group으로 나서는 시대가 열렸다. 모든 영업전략은 현장에서 열리고 정량적·정성적 균형을 맞추어야 한다.

내가 있을 때 조금 못하면 그게 어떻단 말인가!

다음 주자가 가속을 밟을 수 있게 내가 초석을 다지고 있다고 왜 생각 못하는가!

내가 다진 런칭이 다음에 나서는 사람의 연상 밑거틈이 됨을 상기해야 한다!

✑ 1분 리뷰

: 영업전략이 효율이 아닌 효과에 초점을 맞추어야 하는 객관적
근거는?

Sales(영업) 목표설정과 달성전략

무슨 일이든지 결과를 도출해 내기 위해서는 분명한 목표가 있어야 하고 그에 따른 실행과정을 거쳐 목표가 달성되도록 하는 전략을 필요로 한다. 이 부분에 대해서는 유능한 전략가들이 방대한 분량의 집필을 통해 다양한 가설과 그에 맞춘 검증을 시시때때로 제시해 왔다. 현대에 들어서는 이러한 내용들이 공식화되어 많은 부문에 널리 활용되고 있다.

매일 매일이 전쟁터인 영업현장에서 운신의 폭을 넓히고 살아남기 위해 모두가 전력을 다하고 있다. 제대로 된 목표를 설정하는 것이 실행의 첫 번째 작업이다. 어떤 목표를 얼마 정도 수용해야 적절한지 스스로 판단하고 결정해야 한다. 아직도 Top-down방식으로 내려주는 목표를 그대로 이행하는 기업들도 많이 상존하고 있으나 또 많은 기업들은 Bottom-up방식으로 개인의 목표가 모아져서 전체 목표가 설정되는 흐름으로 가고 있다.

무조건 새로운 흐름인 Bottom-up 방식이 옳고 맞는 것은 아니다. 기존의 Top-down 방식도 일부 각색해서 융합하는 방법은 적용해 봄 직하다. 영업목표설정이 방법론에 얽매이는 것은 지양해야 할 사항이다. 어떤 형식을 취하든 뚜렷한 목표의식과 명확한 방향성이 보이면 목표설정에는 문제가 없다.

영업목표설정에서 목표달성으로 이어지는 일련의 Process를 일목요연하게 정리해 보자.

① 영업목표설정에 필요한 기본 Frame 정립
② 영업환경에 대해 새로운 사고로의 접근
③ 영업측면에서 분석해 보는 경제, 경영 환경동향
④ 실천적인 영업핵심과제의 도출방법 학습
⑤ 영업활동 진단 및 새로운 영업기회 발굴
⑥ 영업목표달성을 향한 목표설정 자세정립
⑦ 영업환경 변화에 대한 대응전략
⑧ 영업목표 종류와 달성우선순위의 재확인
⑨ 영업목표달성을 위한 영업활동 문제파악
⑩ 영업목표달성을 위한 전략방안 도출

영업목표설정과 달성전략을 논하게 될 때 항상 분쟁이 발생되는 부분이 있다. 정량적인 Quantitative와 정성적 Qualitative에 대한 논쟁이다. 실적 달성이라는 영업의 특수성 때문에 지금까지는 거의 정량적인 면에 집중하는 경향이다. 숫자로 명확하게 표현할 수 있어 비교 분석하는 데 다툼의 여지를 잠재울 수 있기 때문이다. 숫자만 놓고 일방향으로 흐르는 분석은 절름발이 평가를 받게 된다. 여기서 수치에 맹종하는 의식구조를 새롭게 혁신할 필요가 있다.

　　어려운 경제여건을 뚫고 흑자기조를 일구어낸 기업이 있다. 경제
상황이 급반전되지 않는 한 당분간 흑자는 어려울 것으로 예상했다.
산업전체의 흐름이 갑자기 좋은 분위기로 접어들며 생각 이상의 결실
이 맺혀 졌다. 수치상으로는 영업이익이 나타났고 2년 만에 흑자로 돌
아섰다. 정량적 재무분석상 긍정적인 경영의 모습으로 비추어 졌다. 또
다른 한편의 정성적 분석으로는 맹점이 그대로 드러났다. 동종 업계
순위로는 꼴찌의 성적표를 받아든 것이다. 좋은 경제흐름이 플러스 요
인으로 직용한 것뿐이라는 해석이 지배적이었다.

　　경영 전문가를 포함하여 다수의 사람들이 간과한 것이 있다. 이
기업의 이번 흑자의 기조는 4년 전에 영업목표설정과 달성전략의 기
초를 다지고 스스로 자리에서 물러났던 전전임 대표와 영업기획팀, 현
장영업팀의 Base 때문임을 잊고 있었다. 영업목표설정과 달성은 절대
로 하루아침에 이루어지지 않는다. 누구나 알고 있는 철칙이지만 쉽게
망각하고 되살리지 못하는 독성 깊은 논점이다.

"목표설정 할 때 경제여건을 잘 살펴서 목표 세우세요! 정말 그래도 됩니까?"
"아니, 전년 대비 마이너스 목표설정! 이거 누구야!! 경제여건 반영하라고
　했잖아요!"
"팀장 놈이 얼빠지니까 이 모양이지! 반영하라면 다 이렇게 마이너스 목
　표 정하리!"

> "나이 먹고 세상 헛살았어! 회사 나가서 당신 목표나 잘 설정하고 사세
> 요, 제발!"
> "흑자 나도록 하고, 업계에서 1등 하고, 근데, 우린 뭐야! 18 경영진이나
> 잘 좀 합시다!"
> "야! 조직생활 1박 2일 하냐! 그냥 시키는데 해! 적당히 하다 나오면 그
> 만이야!"

도대체 그동안 어떤 목표설정과 달성전략으로 지금 이곳까지 왔
는지 신기하지 않은가? 제대로 된 전략보다는 우격다짐 식의 실행이
있었기에 결과물을 손에 넣게 된 것이다. 말없이 일에만 몰두했던 조
직의 구성원들에게 저절로 머리가 숙여지는 순간이다. 이제 진정한 목
표설정과 달성전략이 필요한 시기에 와 있다. 주먹구구식의 앞만 보고
달려가는 전략이 아닌 기업주, 조직 구성원, 주주, 소비자들 모두가 일
사불란하게 동참해서 장기적 안정적인 Output 생산에 매진해야 한다.

미래를 향한 목표설정과 달성전략을 재정립해 보고자 한다.

① 일방향으로 편향된 중심사고의 재편
② 생존, 상생을 향한 영업목표에 집중
③ 이익의 반감을 수용할 줄 아는 협업 목표설정
④ 영업목표 Boundary 확충과 효과적 대응방안
⑤ 영업목표 수익창출 신 모델 발굴 구체화
⑥ 영업목표달성을 향한 최우선과제 정립

⑦ 영업목표달성에 필요한 구성원 의식전략

⑧ 영업목표달성에 요구되는 경쟁사와의 비교우위전략

⑨ 영업목표달성을 위한 현장활동 아이디어 추출

⑩ 영업목표달성을 위한 경쟁력 증대방안 도출

새로운 방향성이 수립되고 돌파구가 마련되면 용기 있는 실천이 따라와야 한다. 훌륭한 목표설정이 잘 포장되어 서고에 박제된 채 놓여 있다면 이는 무용지물일 뿐이다. 누군가는 앞장서는 사람이 되어야 하고 욕먹을 준비를 해야 한다. 설정된 목표가 달성전략으로 이어지기 힘들었던 것은 좋지 않은 결과를 손에 쥐게 되었을 경우 비난을 수용할 자세가 안 되었기 때문이었다.

목표달성이 이루어지기를 모두가 기대하고 노력하지만 비난에서는 벗어나고 싶어 한다. 항상 잘되는 일이란 존재하지 않기 때문에 어그러지는 일도 받아 낼 줄 알아야 한다. 궤도이탈된 목표는 심적인 고통이 뒤따르게 되며 이는 곧바로 욕으로 이어지게 된다. 대부분의 사람들은 욕먹는데 민감하고 그런 일에는 끼어들고 싶지 않아 한다. 목표설정과 달성전략이 순항하기 어려운 이유이다.

대형증권회사에 거창한 목표가 설정되었다.

'소비자를 최우선으로 모시며 매출, 이익 업계 1위 목표!'

최고의 서비스 제공을 위해 고급 정보를 1주 단위로 공급한다. 주보를 통해 기업정보, 수익정보, 금융정보, 해외정보, 업계정보 등을 제공한다. 하이라이트는 주간추천 기업으로 심혈을 기울였다. 새로운 정보를 제공하며 매수 추천된 신규기업에서 수익이 나오는지 관리에 온 힘을 쏟았다. 시장을 장악해 보려는 의도는 좋았으나 기 추천된 기업들에 대한 피드백은 없었다. 예측이 빗나갔을 때 아무도 책임지는 사람이 없었다. 잘해보려는 목표만 앞세우고 잘못된 부분에 대해서는 침묵으로 일관하는 것이 순리였다.

한 친구가 총대를 메었다. 이건 준사기에 해당하는 일이라고 일갈했다. 회사 살자고 구성원과 소비자를 맨땅에 헤딩시키는 일이라고 항변했다. 전 직원이 참여하는 화상회의에서 정식으로 문제 제기를 했다.

입만 열면 다 프로라고 떠벌리고 있다!
10원이라도 돈을 받으면 프로인데, 프로라고 다 프로인가!
목표가 설정됐다고 달성을 위해 나만 달려가면 된다고 생각하는가!
그런 프로, 그런 회사가 언제까지 살아남을 것으로 생각하는가? 잘못된
목표는 지금이라도 반성하고 시장에 스스로의 치부를 알려야 한다….

신선한 목표설정과 달성전략을 외쳤던 직원은 징계를 받았지만 살아남아 업계의 거물이 되었다. 우유부단하게 일을 봉합했던 그 증권회사는 지금 없다.

목표설정 누구나 할 수 있다. 목표달성은 누구나 쉽게 다가 갈 수 있는 목표물은 아니다. 목표설정과 목표달성의 프로세스가 매끄럽게 흘러가는 경우는 거의 없다. 목표설정과 목표달성은 균형의 논리를 제대로 실천해

야 하는 중요한 실험도구이다. 방향성이 잘못되어 가고 있음을 알게 되면 가차없이 수정을 하고 반성을 해야 한다. 그럴 용기가 없다면 목표설정과 달성전략은 시작도 하지 말아야 할 것이다.

✍ **1분 리뷰**

: Quantitative(정량적), Qualitative(정성적) 이원화 전략의 당위성
정리!

Sales(영업)전략의 구심점인 인재전략에 대하여

IT 기술력이 세상의 질서를 뒤집어서 다시 새로운 판을 까는 시대에 들어와 있다. AI가 생활 깊숙이 파고들어 로봇이 친근하게 느껴지는 분위기에 빠져들고 있다. 어느 틈에 기계장치가 인간을 대신하게 되는 순간이 곧 도래할 것이라는 위기의식이 팽배해지고 있다. 사람 사는 세상에서 사람 냄새가 사라지고 있다.

정신 똑바로 차려야 한다. 현실과 이상을 혼돈해서는 안 된다. 로봇이 인간을 능가하는 일은 절대 없을 것이다. 아니 없어야 한다. AI를 발전시키는 것은 인간이 편해 보고자 하나의 방향성을 택한 것뿐이다. 인간이 로봇에 지배당할지도 모른다는 생각은 있을 수 없는 일이다. 그런 생각에 매몰되어 있는 과학자가 있다면 인간이기를 포기한 사람일 것이다.

인류가 존재하는 한 모든 판단과 결정은 사람이 하는 것이다. 이 논리는 인류가 존재의 가치를 잃게 되는 날까지 이어진다고 보아야 한다. 주식투자도 AI가 나서고 있고, 영업도 AI가 대신하는 시대가 멀지 않았다고 아우성이다. 분석에 대한 판단은 AI가 앞설 수 있으나 삶과 생존에 대한 판단은 절대 불가하나. 이 분세에 대해서 AI와 선순위를 다투는 논의를 한다는 자체가 아이러니하다. 사람이 사는 세상에 사람이 주인이 되는 것은 당연한 일이다.

영업전략 중에서 사람과 연계된 전략은 핵심전략이다. 모든 전략의 구심점은 언제나 사람이었고 이는 불변의 법칙이다. 영업이 별도의 흐름을 만들어가게 되는 미래는 더욱 강렬하게 작용할 것이다.

세상을 아우르는 처음과 끝은 항상 사람의 머리와 손이 있어야 했다. 오늘날 국가와 기업들이 이 정도로 융성해진 것은 훌륭한 인재에 의해서였다. 특히 기업의 성장은 사람들의 노력이 거의 다였다고 보아야 한다. 새로운 도약을 앞둔 이 시기에 더 많은 인재들이 필요한 것은 자명한 사실이다. 세상을 이끌어야 하는 영업부문에서의 필요성은 더욱 절실하다.

1949년 미국의 Arthur Miller가 발표한 희곡 Death of Salesman(세일즈맨의 죽음)이 다시 우리 곁으로 다가왔다. 한 인간의 일생, 한 가정과 한 나라의 역사를 조망하는 작품의 의미가 새로운 영업에 시사하는 바가 자못 크다.

영업전략으로서 신선한 인재전략이 요구되는 시점에 우리의 노력은 한계를 보이고 있다. 그동안 이 인재전략이 너무 오염되어 어디서부터 손을 보아야 할지 난감하기 때문이다. 영업에 관련된 여러 가지 전략 중에서 인재전략 내용이 가장 엉망이었다. 제일 흔하게 썼던 영업의 인재전략은 인해전술로 일할 사람은 차고 넘치기 때문에 우선 뽑아서 쓰고 버리는 소모품 전략이었다. 영업분야 중에도 가장 힘들고 어려운 직종 일수록 이런 현상은 두드러졌다.

보험 자동차 제약 등등에서 이러한 모습이 자주 눈에 띄었고, 인해전술 인재전략과는 괴리가 조금 있었지만 실제 일할 사람이 모자라는 간호사 같은 전문직 분들은 구인 브로커에 의해 이용당하는 일이 많았다. 이런 잘못된 흐름을 바꾸고자 대형 구직구인 사이트가 등장하게 되었다. 하지만 이 역시 시간이 지남에 따라 돈벌이에 치중하는 모습이 강해져서 초심을 잃게 되었다.

전면 개편되어야 한다. 인재정책, 구인전략 전체가 혁신되어야 한다. 정부의 고용정책 자체도 완전히 틀이 바뀌어야 한다. 영업에 관한 구인전략은 속된 표현으로 사람장사였다. 인재를 영입해서 성장하도록 가이드하고 거목으로 키우는 전략은 보이지 않았다. 그때그때 상황에 맞추어 부품을 갈아 끼우는 소모품 전략으로 비추어졌다. 당사자들은 아니라고 항변하겠지만 사실인 걸 어찌하겠는가! 좋은 인재는 안중에 없었다. 당장 실적을 내는 영업인력이 필요했을 뿐이다.

"영업하실 분 한 사람 모시고 오면 인센티브 얼마 드립니다!"
"저희가 업계에서 선수당 가장 높습니다!"
"다음 달 수당체제 바뀝니다! 일단 등록하세요!"
"해외 거래선 1곳만 들고 오세요! 나머지 보상은 더블로 해드리겠습니다!"
"프로젝트 통으로 물고 들어오세요! 인생 뭐 있나요! 이때 한몫 잡으셔야지!"
"계약자 관리 잘 하셨드만, 여기 오셔서 날개 한번 달고 날아 오르셔야지요!"
"이번 달 실적 맞추어 드릴 수 있는데 반대급부로 뭘 제시할 수 있나요?"

> "팀으로 5명 정도 영업하는 인력 넘어가려는데 일부 조직망을 넘겨줄 수
> 있나요?"

새로운 영업의 인재전략은 아주 간단하다. 모든 일의 중심은 사람이라는 명제의 실천이다. 사람 냄새, 사람의 향기가 가득차게 하는 전략이다. 사람장사의 모습은 어디에도 볼 수가 없게 되어야 한다.

기본 취지와 아울러 인재전략 기본 방향성이 정립되어야 한다. 영업의 기본 방향성인 생존을 지나 **"상생"**의 모습이 바탕이 되어야 한다. 이 상생은 **"동업자 정신"**으로 재정립된다. 상생과 동업자 정신이 인재전략의 줄기로 자리 잡아야 한다. 줄기가 제대로 뿌리를 내리면 가지는 푸르게 새싹을 틔우게 된다. 인재전략도 일방향의 영입전략이 다가 아님을 인지해야 한다. 훌륭한 인재를 모시는 것과 동일하게 인재 배출도 중요한 인재정책임을 상기해야 한다.

오전 영업팀 회의에 작은 소란이 일었다. 핵심 멤버인 박과장이 경쟁기업으로 넘어간다는 이야기가 돌았다. 팀장이 영업임원에게 보고를 했다. 정이사는 전혀 모르고 있었다. 배신의 행동에 분위기가 무거워졌다.

> "박과장! 경쟁업체로 간다는 게 사실인가?"
> "네, 죄송합니다! 말씀드릴 기회를 놓쳤습니다!"

"이번 달 말까지만 근무하겠습니다! 다음 주까지 거래처 모두 반납하겠
습니다!"

"오과장, 이대리 같은 팀원이지!"

"네, 맞습니다! 거래처 인수받아 놓겠습니다!"

"그게 아니라 두 사람 메인 거래처 2개씩 내놓게! 박과장에게 넘겨주세요!"

"인수받는 게 아니라 신규로 넘겨 주다니요?"

"박과장! 거래처 가지고 가라! 너 이뻐서 스카우트하는 거 아니다! 가서
제발 죽지 말고 살아남아라! 나중에 키워서 갚아라!"

　인재를 배출하는 전략도 이제는 중요한 전략이 되었다. 배출된
인재가 어깨를 나란히 하는 거목으로 성장한다면 이는 대단한 성공
작품이 된다. 나와 우리를 떠나면 모두가 적이라 생각하면 안 된다.
영원한 동업자가 생긴 것이다.

　중견 인테리어 업체 영업팀은 영업으로 어느 정도 성장하면 스스
로 독립하도록 권유하고 그 이후 서로 도움을 주며 같이 살아남는 상
생의 뜻을 펼치게 한다. 모두 다라고 이야기하기에는 어폐가 있겠지만
독립하여 자기의 길을 개척하고 있는 이들의 모습에서 시들지 않는
동업자 정신의 윤곽을 잡게 된다.

　2018년 9월 27일 미 프로야구 양키스 소속 CC사바시아는 보복투
구로 일순간에 손에 다 넣었던 50만 달러를 날렸다. 7회까지 시즌투구
155이닝을 채우면 보너스 50만 달러를 받게 되는 순간이 다가왔다. 6
회 마운드에 오르며 이제 2이닝만 버티면 50만 달러(5억)를 손에 쥐게

된다고 되뇌였다. 하지만 바로 전 자기팀 선수가 보복구로 위협을 당하자 MLB의 불문율에 따라 보복구를 던져야 하는 기로에 서게 됐다. 보복구를 안 던지고 마운드에서 내려와도 아무 문제가 없었다. 그런 결정을 해도 어느 누구 하나 그에게 따져 물을 상황이 아니었다. 그래도 그는 보복구를 던지고 50만 달러를 허공에 날리고 마운드를 내려왔다. 마지막 2이닝을 못 채우고 내려왔기 때문에 한 순간에 50만 달러가 날아갔으나 동료를 위하고 팀을 위한 그의 동업자 정신은 빛났다. 세계 어느 나라든 50만 달러, 5억은 큰 돈이다. 못 본체 자기 투구만 했으면 50만 달러를 받았을 것이고 이는 어느 누구도 비난할 수 없는 상황이었다. 이를 포기하고 동업자 정신을 살린 사바시아는 지금도 존경받는 인물이다. 추후 구단은 사바시아에게 50만 달러를 지급했다.

자기 이익을 과감하게 날리고 상대방을 배려하는 사람이 이 세상에 얼마나 존재할까? 거의 없다가 아니라 존재하기 힘들다고 보는 게 맞다. 모두에게 존경받는 영업인재를 찾는 것은 불가능해 보이지만 이런 인재를 양성해 내야만 한다. 이런 인재가 영업을, 기업을 이끄는 기회를 갖게 되었을 때 인재의 꽃핌을 실감하게 될 것이다.

인재전략에서 이 동업자 정신은 영원히 식지 않고 이어져야 한다.
세상에 영원한 경쟁자는 없다.
그러나 영원한 동업자는 존재한다.
떠나간 사람도 언제 어디서 다시 만날 수 있다는 인재전략이 우리 손에 익숙해져야 한다!
함께 살아가는 공동체 정신이 영업전략에서 나오고 있음을 주목해야 한다.

🖐 1분 리뷰

: 영업인재는 뽑는 것이 아닌 키워나가는 작업임을 재정립해 보자!

Sales(영업) 협업전략 어디까지 가능한가?

    타인의 도움을 받지 않고 모든 문제를 혼자 처리할 수 있다면 그보다 훌륭한 해결 방법론은 없다고 보아야 한다. 근원적으로 사람은 홀로서기가 기본이 되어 살아가는 게 맞다. 영업도 이 홀로서기가 탄탄하게 밑 바침이 되어야 건강하게 진행되어 간다.

    영업이란 특수한 존재는 연구실에서 혼자 일하는 홀로서기와는 전혀 다른 성격을 가지고 있어서 어느 순간 막힘이 왔을 때 누군가의 도움이 필요하고 이를 과감하게 수용할 줄 알아야 한다. 일상생활이 개인주의가 기본이고 중요하지만 당신이 와해되고 허물어지는 단계를 주저앉아 보고만 있다면 이는 아주 부정적인 이기주의일수 밖에 없다.

    시련이 밀려오면 잠시 홀로서기를 잠재우고 협업에 들어가야 한다. 비록 내 이익이 반감되고 미래가 축소되는 경우가 발생한다 하더라도 살아남기 위해 협업은 필요하다. 협업의 당위성을 외부에서 찾기보다는 본인 내부에서 찾아야 한다. 외부에서 당위성을 찾는 노력은 자칫 핑계를 대기 위한 그릇된 행동으로 오해를 사기 쉽기 때문이다. 자신의 부족함을 스스로 인정하고 협업의 당위성을 존중하는 모습이 비추어져야 한다.

협업을 추진함에 있어 어떤 마음의 준비를 하는지에 대한 고민은 크게 문제될 것이 없다. 흔히 우리가 쉽게 다가가서 사용하고 있는 일반원칙에 따라 접목하면 된다. 협업의 가장 보편타당한 일반원칙은 시너지효과라는 것이다. 두 가지의 힘이 하나로 합쳐졌을 때 서너 배 이상의 힘으로 나타나게 됨을 이른다.

협업의 시작이자 끝은 협업의 대상자를 찾는 일이다. 어느 누구와 협업의 실타래를 풀어 갈 것인가가 가장 중요한 포인트가 된다. 이는 무게중심을 어디에 둘 것인가라는 문제와 직접적인 연관이 있다. 나와 협업 상대자 중에서 누가 구심점이 될지에 대한 정리가 필요한 것이다. 이는 협업이 끝날 때 중요한 마무리가 처리사항으로 다가온다. 좋은 결과로 끝나든 부정적인 결과로 끝을 맺게 되든 마지막 정리는 깔끔하게 이루어져야 한다. 이는 협업의 당사자 모두가 노력할 부분이지만 중심을 잡고 추진했던 사람이 마무리 짓는 것이 올바른 방법이다.

실질적으로 협업의 대상자를 찾아 나설 때 가장 우선시되는 것은 동종업계의 흐름이다. 가장 잘 아는 부분부터 선택의 범위를 저울질할 수 있음에 집중할 필요가 있다. 무조건 동종업계 분야부터 협업을 추진하라는 이야기는 아니다. 물론 위험부담을 줄이는 방편으로 아는 길로 들어서는 것이 편안한 선택이 될 수는 있다. 이 편안한 선택은 협업의 가치를 반감시킬 수 있음에도 신경 써야 한다. 또한, 협업의 대상은 어느 직종, 어느 분야와도 이루어질 수 있음에 주목해야 한다.

설사 실패하는 부정적인 결과를 맞이한다 하더라도 그 과정은 고스란히 경험의 산실에 쌓임을 생각해야 한다.

최근에 환승 지하철역 인근에 한 패스트푸드점이 리모델링 작업에 들어갔다. 비싼 임대료 때문에 매장을 색다르게 꾸미고 매출을 끌어올리기 위해서 점포 개조에 들어간 것으로 예상이 되었다. 그리 오래 걸리지 않아 매장이 새롭게 오픈되었다. 예상대로 깔끔하게 내·외부 시설이 정비되었다. 눈에 띄는 것이 있었다. 단일 패스트푸드점이 협업을 시도하여 유사 먹거리 점포를 매장 안에 들어서게 했다. 도넛 전문점이었다.

햄버거와 도넛!

같은 종류의 제품은 아니었으나 유사한 먹거리로 크게 달라진 것이 없어 협업의 의미가 퇴색되었다. 임대료를 반으로 줄일 수는 있었으나 매출은 어떤 영향을 받을지 불을 보듯 뻔히 보였다. 단적으로 이야기하기는 쉽지 않지만 협업 시너지효과는 기대하기 어려워 보였다. 조금 시간이 지나고 여러 각도로 심층 분석이 보고된 다음에야 정확한 결과가 나오겠지만 지금 상태로는 긍정적인 결과를 얻어 내기는 어려워 보인다. 협업의 폭은 넓으면 넓을수록 좋다. 어떻게 이런 업종이 서로 협업을 할 수 있을까 라는 의문이 들을 정도라면 더욱 좋다. 패스트푸드점도 지하철 역세권이라는 특징을 협업의 중요한 포인트로 방점을 찍었다면 더 확실한 협업의 효과를 얻을 수 있었을 것이다.

제법 규모가 큰 기업들 간에 협업과 기업융합이 이루어지고 있다.

한미약품, OCI.

특별하게 협업의 시너지효과를 예단하기 어려우나 시도 자체는 큰 의미가 있다. 시간이 지나면서 서서히 협업의 power가 일어날 것으로 보인다. 내부 경영자 간의 의견충돌이 잘 정리된다는 전제조건이 이번 협업의 key point이다. 아무리 훌륭한 협업이 기획되더라도 쌍방 내부의 잡음이 최소화 되어야만 좋은 결과를 얻게 된다.

대한항공과 아시아나 합병.

협업 중에서 가장 큰 협업으로 M&A(기업 인수합병)가 있다. 영업이 새로운 흐름을 주도하는 주역이 되어야 함을 적나라하게 보여주는 대목이다. 두 거대 항공사가 살아남기 위해 제 살 깎아 먹는 경영을 포기한 것이다. 한 쪽이 승자가 되고 다른 쪽은 패자가 되는 것이 아닌 양자의 성공을 의미한다. 두 기업이 현실적으로 상존을 하며 협업을 하는 것보다 인수합병을 통해 롱런하는 협업으로 결론을 낸 것은 존중받아 마땅한 일이다. 확연하게 상생의 길이 열린 것이다.

Hy의 부릉 인수.

종합유통기업으로의 도약을 꿈꾸는 Hy가 배달대행서비스 회사 메쉬고리이(부릉)을 인수했다. 구태의연한 한국야구드르의 잔상에 산혀서는 더 이상 살아남기 어렵다고 판단한 듯하다. 한때 8000억 원 자산가치를 인정받았던 부릉도 살기 위해 결단을 내렸다. 800억에 지분

66.7%를 Hy에 넘기고 경영권을 포기했다. 양자가 살기 위한 어려운 결정을 한 것이다. 시장은 냉정하다. 진입장벽이 헐거워진 야쿠르트시장이나 배달시장 공히 혁신이 필요했다. 살기 위해 한쪽은 경영권을 넘겼고 또 한쪽은 새로운 협업을 시행했다. 이들의 사활은 시장과 소비자에게 달려 있다. 그래도 생존하기 위한 시도는 환영해 주어야 할 만하다.

협업을 하면 다 잘된다는 보장은 없다. 겉 모양새는 협업이지만 실제 내용은 영업의 새로운 도전으로 해석해야 한다. 힘을 합치면 없던 시장이 열리고 적자기업이 갑자기 흑자로 돌아서는 것은 아니다. 시장현장을 지배하고 있는 영업은 항상 다양한 흐름을 정확하게 인지해야만 한다. 이 흐름을 통해 협업을 이끌어 내고 시장의 사활을 리딩할 수 있다.

재래식 펌프의 마중물 역할을 해야 하는 것이 영업과 협업이다. 그렇다고 영업과 협업이 죽은 기업을 살려내는 마법사는 아니다. 중심을 잃고 표류하는 이들의 손발을 엮어서 새로운 항해를 하도록 하는 것이다. 협업을 일으켜서 새로운 판을 깔고 냉혹한 시장의 눈을 통해 스스로 생존의 기회를 부여해야 하는 것이다. 극과 극이 손을 잡게 되는 아주 이질적인 협업이라 하더라도 협업은 한계가 있을 수 없다.

영업전략으로서의 협업은 새로운 시장을 여는 초석이다. 이 협업의 발판을 딛고 많은 기업들, 많은 조직들이 새롭게 태어나야 한다. 수수료를 목적으로 협업의 계약만을 종용하는 브로커 시장은 문을 닫아야 한다. 진정한 협업의 문이 이제 열리고 있다!

✍ 1분 리뷰

: 협업 Boundary 설정에 대한 활동경험 나열해 보기!

Sales(영업) 서비스전략

현장에서 하루에도 셀 수 없을 정도로 많은 소비자를 만나게 되는 영업인들은 여타 다른 직종에서 일하는 사람들보다 서비스라는 스트레스에 직접 노출되어 있다. 일을 잘하고 못하고를 떠나서 서비스에 실패를 하면 모든 과정과 결과가 수포로 돌아가는 심한 대인 압박증 후근에 시달리고 있다. 어디까지 어느 정도 서비스를 해야 소비자들의 컴플레인을 잠재울 수 있느냐 하는 문제는 직무의 사활이 걸려 있는 절체절명의 과제이다.

영업 전반에 심어 놓아야 하는 서비스 전략이란?

영업현장에서 실행되어야 하는 서비스 실무전략은?

영업 실행자인 영업인이 소비자와 마주해야 하는 서비스 전략은?

영업계약의 당사자로서 계약현장에서 펼쳐야 하는 서비스 전략은?

영업활동 종료 후 정리해서 분석한 지속형 서비스의 재생전략은?

매출을 올리기 위한 많은 전략 실행에 더불어 감성적인 부분까지 전략으로 이어져야 하는 영업인들의 고충은 다른 구성원들보다 몇 배 힘든 업무강도를 받아 들게 된다. 서비스라는 것이 눈에 보이지 않는 무형의 객체이기 때문에 이를 일괄적으로 해석해서 표방하는 것은 올바른 사용법이 아니다.

1인 100색 시대에 어떻게 소비자를 만족시켜야 하는지에 대한 고민은 쉽게 끝낼 문제가 아니다. 서비스전략이 허공을 맴돌고 형식으로 치우치는 상황을 극복하지 못하는 이유는 무엇인가?

영업으로 하루의 일과를 시작하고 마무리해야 하는 영업인들은 아침에 일터로 향하며 간 쓸개를 집에 놓고 나와야 한다고 말한다. 오죽하면 이런 말들이 떠돌아다녀야 하는지 상세하게 짚어 볼 필요도 없다. 현장에 서 있는 영업인들은 매일 마주치는 가슴 아픈 듣기 싫은 말이기 때문이다. 이런 일상적인 내용들이 오랜 세월 거치며 새롭게 업그레이드되지 못하고 제자리걸음하고 있는 진짜 이유를 찾아내야 한다.

판매자를 위하고 소비자를 보호한다는 무개념의 형식적인 단순 일회용 전략이 아니라 판매자, 소비자, 기업, 시장 모두가 이해할 수 있는 흐름으로 다가서야 한다. 이런 흐름이 서비스 전략으로 기획되어 실행되어야 한다. 남들이 하니까 우리도 안 할 수 없는 서비스 전략은 당장 포기해야 한다.

제대로 된 서비스를 하기 위한 전제조건부터 살펴보아야 한다.

서비스 실행 주체는 도대체 누구인가?
서비스를 이행해야 하는 근원적인 이유는 무엇인가?
서비스가 가져다주는 진정한 결과물은 어떤 것인가?
굴욕적인 상황에 침묵할 수밖에 없는 것이 서비스 정신인가?
서비스는 종국에 누구를 위한 것인가?

이런 근원적인 서비스 문제가 허공을 헤매는 데는 분명한 이유가 있다. 서비스 문제가 이런 방향으로 흐를 수밖에 없었던 이유의 출발점은 CS라는 것에 있다. CS가 우리나라와 전 세계에 도입된 이후로 컴플레인이 수십 배 늘어난 것을 알고는 있는가? CS강사, 서비스강사가 양산되고 서비스 교육이 봇물을 이루었지만 정작 서비스의 질은 나아진 것이 별로 없는 것은 심히 개탄스러운 일이다.

서비스전략은 있었지만 정작 현실에 동떨어진 내용이 주를 이루었기 때문이다. 분명한 이슈가 있어야 했고 이를 실행해야 하는 당위성이 정립되어 있어야 했지만 없었다. 표면적인 이유와 손에 쥐고 놓을 수 없는 보여주기 힘든 조직체 나름대로의 고충은 있었다.

권력기관의 서비스평가에 따른 제반 이익의 되돌림 때문이었다. 서비스평가가 기준 이하일 경우 불이익을 감수해야 했고 평가가 그럴듯한 수준이면 포상과 여러 인센티브가 주어졌다. 모든 조직은 서비스 자체가 목적이 아닌 서비스평가가 주목적이 되어 서비스전략을 짤 수밖에 없었다. 실체불명의 서비스교육 기관이 난무하고 부실한 내용의 서비스가 교육으로 이어졌다. 소비자들은 알 수 없는 서비스의 내용에 관심도 없고 환호할 이유도 없었다. 서비스라는 배가 항구를 떠나 바다가 아닌 산으로 올라가기 시작했다. 아무도 말리는 사람이 없었고 그저 바라만 보고 있었다. 서비스라는 거함이 산 중턱에서 오도가도 못하고 걸터 앉았다. 암담한 현실이 도래 되었다.

서비스전략은 존재했지만 제대로 된 서비스 실행은 없었다. 구성원들은 지겨운 서비스교육에 진절머리를 냈고 소비자는 역겨운 서비스를 억지로 삼켜야 했다. 도대체 왜 이렇게 된 것에 대해 모두가 함구했다.

남은 건 하나 있었다. 연말이 되면 고층 건물에, 조직체 정문에 대형 현수막이 걸렸다.

"D기관 서비스평가 최우수 기업"
"G기관 고객만족도 평가 1위 조직"
"K컨설팅 주관 한국산업 고객만족도 1위 수상"
"K본부 선정 국가고객만족도 12년 연속 1위 달성"
"정부종합평가 민원서비스 종합평가 1위 지자체 수상"

눈여겨보는 사람이 아무도 없다. 구성원조차도 잘 모르고 지나가는 경우가 다반사였다. 상은 받았고 그로 인해 조직의 평가점수만 높아졌을 뿐이다.

소비자를 위한다고 기획되고 실행된 서비스전략은 어디로 간 것인가? 상 받고 인센티브 받자고 시작한 서비스전략은 아니지 않은가 말이다! 정작 서비스를 받아야 할 소비자의 손에는 무엇이 쥐어졌는가? 인센티브를 나누어 달라는 소비자는 없었지만 미리 소비자에게 다가갈 수는 없었을까?

열심히는 해 왔지만 일방향의 외침으로 일관했던 서비스전략이 이제 제자리를 찾을 때가 되었다. 자기 소신을 한 번도 제대로 관철시켜보지 못했던 현장직원인 영업인들이 서비스전략을 기획하고 실행할 절호의 기회를 맞이한 것이다.

기존의 전략을 무조건 잘못된 것으로 매도하는 것은 올바른 방향이 아니다. 상당한 고충과 어려움을 이겨낸 전임 전략가들에 대한 예우는 갖추어야 한다. 이를 바탕으로 한 차원 높은 현장 위주의 서비스전략을 세워야 한다.

서비스전략의 중점 포인트는 현장감이다. 현장을 모르는 립서비스는 지금 당장 멈추어야 한다. 재고 농산품을 햇수확한 상품으로 팔고는 산지에서 일어난 일은 잘 모르겠다고 변명하는 인터넷 서비스는 멈추어야 한다. 설비 문제로 공장 가동이 원활하지 못한데도 불량제품으로 판매에만 올인하는 것은 명백한 서비스 부재 현상이다. 계약에 앞서서 해외 원자재 수급 상황에 대해 소상히 이야기할 줄 아는 용기가 서비스이다. 기업의 부도 가능성을 알면서 침묵하는 투자회사는 서비스를 언급할 자격이 없다. 서비스의 출발은 현장에 대한 정확한 정보의 제공에서부터 시작된다.

아울렛 매장이기 때문에 사이즈가 없다고 항변하는 일은 없어야 하는 것일까? 여타 매장 내지는 물류창고를 뒤져서라도 알아보고 이야기해야 한다. 비슷한 이미지의 다른 회사 브랜드를 추천해준 여성 딜러의 서비스를 어떻게 보아야 하는가? 정신 나간 짓인지 진정한 서비스인지는 시간이 지나면 분명하게 드러날 것이다.

이중 계산된 제품으로 결제가 더 되었을 경우 소비자가 발견하고 문제점을 제기하는 것이 맞을까? 아니면 판매자 측에서 결산 후 즉시 소비자에게 연락하고 양해를 구하는 게 맞는 서비스일까?

협업이 끝나 A/S 서비스가 종료된 내용을 소비자들이 개인적으로 알 때까지 함구한 체 밀고 나가는 것이 관례라면 이런 서비스는 어디에 초점을 맞추어야 할까?

대출이자 챙기기에 급급한 금융기관이지만 같은 기관 금융거래인의 기 수신상품의 이자를 살펴보고 상계 내지는 다른 방법을 찾아주는 서비스는 왜 수면 아래 잠자고 있을까?

서비스도 사람이 하는 일이기에 오류가 날 수 있다. 이것이 잘못되었을 때는 즉각 시인과, 수정, 반성으로 이어져야 한다. 반성이 없는 서비스전략은 죽은 서비스이다. 살아있는 서비스전략은 멀리 있는 것이 아니다. 바로 우리 코 앞에 있음에도 모른 체 했을 뿐이다. 다음 살아있는 서비스전략의 밑바탕을 몇 가지 살펴보고자 한다.

첫째, 실제 도움이 되는 서비스인지 Visual 개념의 서비스인지 명확하게 할 필요가 있다.

조직 체계의 입장에서 보면 Visual 개념의 서비스를 굳이 부정적으로만 볼 이유는 없다. 소비자에게 실질적인 도움이 되는 서비스가 더 강조되기를 바랄 뿐이다.

둘째, 우리 조직만이 할 수 있는 주관적인 서비스를 개발해야 한다.

객관적으로 검증된 서비스는 시장에서 편안하게 융통할 수 있지만 소비자는 기존의 서비스를 서비스로 받아들이지 않는 속성이 있다.

소비자는 우리와 연관되는 서비스를 원하고 있다.

셋째, 서비스 차별화전략이 소비자(고객) 차별화로 전락하는 우를 범해서는 안 된다.

경쟁자와 서비스를 차별화하는 것은 정당한 전략이지만 이를 빌미로 내부 소비자 차별화로 이어지는 것은 전적으로 막아야 한다. 서비스는 개인적으로 차별화하는 전략의 대상이 아니다.

넷째, 현존 VIP소비자(고객)은 존재하지 않는다. 경쟁자와 시장이 만들어낸 VIP소비자를 쫓아 다니는 불나방이 되어서는 안 된다.

현재는 존재하지 않지만 내가 얼마든지 VIP소비자로 만들 수 있다는 전략이 필요하다.

다섯째, CS는 미국에서 건너온 외래어이다.

직역하면 고객(소비자)만족이 되지만 고객만족은 현실적으로는 불가능한 일이다. 경영에 CS가 도입되고 더 많은 컴플레인이 발생하고 있는 이유가 여기에 있다. CS전략 대신 CU(소비자 이해)로 서비스 문제를 풀어나가야 한다.

여섯째, 서비스는 교육으로 해결할 수 있는 문제가 아님을 분명히 해야 한다.

서비스교육 평점이 좋으면 우수한 지점, 훌륭한 사원이 되는가? 평점이 좋으면 나쁜 것보다는 좋은 실행으로 이어질 개연성은 있다.

서비스는 자세의 문제이다. 스스로 감내할 수 있는 여건 조성이 우선이다.

일곱째, 경영층이 실천하지 않는 서비스는 죽은 서비스이다.

대표이사는 현장에서 소비자들에게 욕먹을 준비가 되어 있어야한다. 하부직원의 인성을 가르치고 전사적인 이벤트를 하는 게 중요한 것이 아니라 서비스에 관한 상하가 없음을 공유해야 한다.

여덟째, 서비스는 평가하는 대상이 아니다.

서비스 평가지 한 장으로 얼마나 많은 구성원들이 심적인 고통을 당하고 있는지 알고 있는가? 정말 평가를 하고 싶다면 1달 이상 같이 동고동락하며 서비스 품질을 확인하는 방법은 있을 수 있다.

✍ 1분 리뷰

: VIP고객에 대한 올바른 해석과 판단을 통한 새로운 방향성 도출!

Sales(영업)은 홀로서기가 Base전략

　사회생활 초년부터 영업직에 뛰어든 사람이 있었다. 운이 좋아서 대기업 수출영업을 담당하게 되었다. 영업한 지 얼마 되지 않아 해외로부터 상당한 양의 물량을 보내 달라는 Offer를 받게 되었다. 품목은 양말이었다. 중견기업에서부터 중소기업에 이르기까지 많은 기업에 수출오더를 보여주며 물동량을 준비해 줄 것을 요청하기 시작했다. 그해 양말 수출물동량으로는 대단한 Volume이었기에 참여하는 기업은 2－3년 생산만 잘하면 기업이 먹고사는 데에는 문제가 없어 보였다.

　대기업 영업맨은 발로 뛰며 현장영업에 초점을 맞추고 협력업체들을 독려하기 시작했다. 큰 문제없이 진행될 것처럼 보였던 영업이 출발한 지 얼마 지나지 않아 제동이 걸렸다. 가장 큰 업체에서 제안에 대해 가타부타 답변을 미루고 있었기 때문이다. 많은 시간은 아니지만 기다릴 만큼 기다렸다고 결론을 내린 영업맨은 새벽부터 업체를 방문해서 대표와 담판을 짓기로 했다. 하루, 이틀, 사흘, 나흘 동안 거의 오전 시간 내내 그 기업에 머물며 대표와의 면담을 요청했으나 어느 누구도 답변을 위해 나서는 자가 없었다. 닷새째 되는 날 드디어 오늘도 똑같은 상황이 전개되면 최고의 협력업체 가능성이 있다고 히더라도 포기할 생각이었다.

여느 날과 같이 아침 이른 시간에 협력업체 현관에 다다랐다. 직원들이 출근하기 전에 항상 먼저 도착해 있었기에 언제나 처음 만나는 사람은 건물 청소부였다. 초로의 청소부가 반기며 물어보았다.

"벌써 며칠째인데 아직도 회장님을 뵙지 못했나요?"

"글쎄요! 제가 매일 찾아오는 건 직원들이 다 알고, 아마 회장님도 아실 텐데 반응이 없네요! 오늘 점심 때까지 기다려보고 포기하려고 합니다!"

"그래요, 오늘은 꼭 회장님 뵙고 가세요! 그동안 노력이 아깝잖아요."

"무슨 놈의 회사가 도움을 준다는데 대응을 안 하는지, 에이 참!"

그날도 소득 없이 점심시간이 되었다. 이 회사와는 인연이 없나 보다 하고 영업을 접으려는 순간이었다. 초로의 청소부가 다가왔다.

"오늘도 소득이 없나 보네! 어이 내가 점심 사줄테니 밥이나 먹고 가!"

"아닙니다! 어르신 매일 뵙는데 저한테 좋은 말씀 해주셔서 제가 점심 모시겠습니다."

"야 이놈아 내가 청소한다고 무시하냐, 내가 사줄 때 먹어. 좋은 건 못 사줘, 짜장면이나 먹고 가."

"알겠습니다! 요 앞 중국집으로 가시죠."

약속한 대로 짜장면을 시켰고 추가로 탕수육을 주문했다. 대기업 영업맨은 짜장면 한 젓가락 먹으며 지나가는 이야기를 꺼냈다.

"청소는 몇 년째 하고 계시는지요? 매일 이렇게 일찍 출근해서 일하시는 이유가 있으신가요? 자제분은 안 계시는지요? 혹시 자제분 모르게 청소하시는 일하고 계시는 건 아닌지요? 언제까지 청소하실 예정이신지요?"

"야 이놈아 그렇게 물어볼 게 없냐! 맨 청소타령이야, 끌끌."

"아! 맨날 제일 일찍 출근하시니까 궁금해서요!"

순간 대기업 신입 영업직원은 얼핏 다른 생각이 스쳤다. 혹시 이분이 이 회사 회장님이 아닐까라는 생각이었다.

"저 혹시 어르신이 이 회사 회장님 아니신지요?"

"거 놈, 빨리도 알아본다! 그렇게 해서 앞으로 영업은 어떻게 해 처먹으려고 하냐? 내가 그동안 너 살펴보면서 느낀 게 있어, 이놈아. 허우대 멀쩡해서 사람 다루는 일은 잘할 것 같은데! 젊은 놈이 제대로 된 영업을 못하고 있어. 너 입사한지 얼마 안 되는 신입직원이라며! 초장에 영업 잘못 배우면 네 인생 여기서 쫑난다 이놈아!"

순간 영업직원은 오함마로 뒤통수를 얻어 맞은 기분이 들었다. '뭐지? 뭔가 잘못되어가고 있었던 게 떠오르는데 뭐지? 거의 일주일 동안 최대한의 예를 갖추어 방문하고 낮은 자세로 임했는데 왜 이런 결론이 날까?' 갑자기 식은땀이 흐르고 목이 메었다.

"야 이놈아, 네가 들고 온 오더는 네 것이 아니잖아! 회사 오더지. 근데 왜 네가 생색을 내고 지랄이야! 네 오더면 내가 지금이라도 무릎 꿇고 달라고 애원할게, 이놈아! 세상 똑바로 살아야 된다! 폼 잡는 인생이 너 망친다 이 말이다!"

더 이상 짜장면을 먹을 수가 없었다. 머리 속이 하얗게 텅 비어진 느낌이었다. 3일 동안 심한 몸살을 앓았다. 그렇지! 내가 따온 오더도 아닌데 왜 그랬을까 몹시 심란했다.

세상은 더불어 사는 곳이지만 내가 중심이 되어야 함을 절감했다.
홀로서기! 세상은 홀로서기!
영업은 홀로서기 더블!
이 홀로서기가 제대로 뿌리를 내리지 못하면 사회생활은 실패할 수밖에 없음을 직감했다.
영업은 그 홀로서기에 대들보와 서까래를 올리는 일임을 알게 되었다.

허울뿐인 명함은 과감하게 찢어서 버렸다. 그 이후로 누가 물어보면 그냥 영업맨이지 대기업을 절대 거들먹거리지 않았다. 알량한 힘과 얄팍한 지식으로 세상과 맞서지 말아야 함을 뼈져리게 느꼈다.

맨바닥에서 빈손으로 지금의 경제 기반을 이루어낸 우리의 저력은 세계 어느 나라에게도 밀리지 않는 수준에 이르렀다. 특히 영업과 관련해서는 거의 독보적인 경지에 이르렀다고 이야기할 만하다. 암울한 영업환경에서 자력으로 일구어 낸 성과는 대단함을 지나 경의를 표해야 할 만큼 가슴 저미는 역사이다. 국내외 공히 영업현장을 뛰어다니며 새로운 역사를 써내려 온 영업인들의 노고는 100번 본받아도 모자랄 지경이다. 이런 이면에 비록 소수이기는 하지만 얄팍한 상술을 포장하는 작업이 상존하고 있었음을 인정해야 한다. 이 부분은 분명히 재조명되고 재평가되어야 한다. 그들 나름대로의 노력은 충분히 보상받아야 함에는 이견이 없다. 하지만 상술이 와전되고 정설로 자리잡는 잘못된 흐름은 반드시 바로잡아야 한다. 맛보기 정도의 영업과 이론으로만 펼쳐온 영업을 마케팅 이론에 반죽해 넣어 근거도 불분명한 전략을 양산한 책임은 누군가는 지어야 한다. 책임의 문제가 등장하면 대부분은 꼬리를 내리고 뒷전으로 숨어버리는 게 우리의 모습이다.

조금 유명세를 타고 해외 몇 번 나갔다 온 것을 빌미로 세상의 모든 전략을 주무르고 있다는 웃지 못할 해프닝이 자주 발생하고 있다. 그 시간에 오히려 가장 힘든 부분의 영업에 홀로 뛰어들어 공감대를 형성해 보는 것이 올바른 영업전략의 시작이다. 자칭 마케팅 전문가라고 하는 사람들은 있어도 영업전문가는 거의 보이지 않는다. 판매왕으로 불려지는 판매전문가는 간혹 아주 드물게 우리 곁에서 보여지고 있다. 이런 대별되는 현상은 포장을 중시 여기는 우리의 사회 이념과도 연관이 있다. 남들이 쓰라린 영업활동에 슬쩍 전략이라는 포장으로 숟가락을 올리는 일은 없어져야 한다.

진정한 홀로서기가 보여져야 한다. 나를 얄팍하게 포장하는 홀로서기는 사라져야 한다. 타인의 노력을 무상으로 접목하는 홀로서기는 짝퉁 홀로서기이다.

세상물정 어떻게 다 경험하고 전략을 짜냐고 항변한다. 그건 불가능한 게 맞다. 그렇지만 적어도 그들과 공감을 주고받을 수 있을 정도의 시장 참여는 있어야 한다. 머리와 입만으로 주둥이를 나불대는 전략은 접어야 한다. 세상과 타인에게만 의존하는 전략은 홀로서기와는 완전 배치되는 전략이다. 세상 안으로 시장 안으로 들어가야 한다. 지금은 많이 사라진 생색내기 홀로서기는 이제 끝을 내야 한다.

1일 지점장, 1일 시장, 1일 사장 등. 하루 종일도 아니고 두 세 시간 띠 두르고 일해 본다고 그들의 홀로서기를 이해할 수 있을까? 100% 불가능한 일이다. 사진 찍고 홍보하는 데에는 이보다 좋은 전략은 없다. 이런 불필요한 행사가 지나가면 실제 홀로서기했던 사람들의 공허함은 말로 표현이 안 된다. 자괴감으로 스스로에 대한 반감만 오롯이 남는다. '나는 지금까지 무얼하며 살아왔는가?', '이런 행사의 주인공은 내가 아니고 왜 저런 사람이어야 할까?'

홀로서기에는 연령, 직급, 경력, 직무, 성별 어느 것도 필요가 없다. 홀로서기는 최근에 매스컴을 누비고 있는 나홀로 산다는 개념과는 확연히 다르다.

홀로서기는 내가 중심이 되어야만 하고 살아남아야 한다. 그에 덧붙여 상생의 모습이 강하게 자리 잡아야 한다. 이를 가장 현실적으로 움직여 오고 있는 부류가 바로 영업맨이다. 영업맨의 홀로서기가 사회의 본보기로 자리 잡을 날이 멀지 않았다. 홀로서기는 단순전략이 아닌 세상과 가장 강하게 부딪치는 영업맨의 절규이다.

✎ 1분 리뷰

: 독자노선의 구축에 따른 나만의 경쟁력 이끌어내기!

Sales(영업) 어떻게 배우고 가르칠 것인가?

'배움에는 왕도가 없다! 노력하지 않으면 어떠한 배움도 정복할 수 없다'란 뜻이다. 영업에 대한 배움도 마찬가지여서 스스로 다가갈 준비를 해야만 한다. 시시각각 천의 얼굴로 변하는 영업을 하나의 가치관으로 마주하는 것은 무모한 짓이다.

영업을 잘하기 위해서 체계적으로 배울 수 있는 방법은 무엇일까? 영업에 처음 입문하는 사람이라면 누구나 한 번쯤은 고민해 보았던 내용이다. 영업을 잘하는 사람은 잘하는 대로 못하는 사람은 못하는 대로 분명한 연유가 있다. 초보자들은 그런 연유 가운데 아주 작은 부분이라도 습득하고 싶어 한다.

영업에 관련된 책은 우리 주변 곳곳에 헤아릴 수 없을 정도로 많다. 그 많은 책 가운데 유용하다고 보여지는 책은 거의 없다. 대부분이 본인의 성공담을 미화한 내용이 주류를 이루고 있다. 영업은 타인의 것을 배워서 내 것으로 만들 수 있는 것은 없다. 타인의 것을 참조는 할 수 있으나 Copy는 절대 해서는 안 되는 일이다.

나만의 경쟁력을 찾아야 한다. 비록 그 경쟁력이 타인이 보기에 부족해 보이고 볼품이 없어도 상관없다. 누구도 할 수 없는 실행력으로 내가 유일한 실행자가 되어야 한다. 그 기초는 내가 몸으로 실행하고 내가 몸으로 받아들여야 한다는 것이다. 영업은 이론으로 가르칠 수도 없고 이론으로 체계를 세울 수도 없다. 영업은 몸으로 배우는 것이 유일한 방법이다.

어렸을 적에 자전거를 배웠던 기억을 떠올리면 조금 쉽게 이해할 수가 있다. 근자에 자전거를 배우는 아이들을 보면 많은 꼬마들이 컴퓨터로 자전거를 배운다. 눈은 전방을 주시하고 양손은 핸들과 브레이크를 동시에 잘 거머쥐어야 하고 가장 중요한 기울기가 15도 이상 기울지 않게 해야 한다. 이게 안 지켜지면 쓰러지게 되고 다치게 된다고 옆에서 열심히 알려준다. 몇 날 며칠 이론으로 완전무장을 하고 실전으로 자전거를 타게 되면 어떤 결과가 나올까? 100%는 아니라 하더라도 컴퓨터 이론으로 배운 꼬마들이 자전거를 탄지 얼마 지나지 않아 병원 응급실에 실려가지 않을까 몹시 걱정되는 순간이다.

자전거는 누가 가르쳐 주어서 배우는 것이 아니다. 스스로 타면서 넘어지고 무릎이 깨지고 팔이 긁히고 얼굴에 찰과상을 입으며 배우는 것이다. 하루 이틀 이런 과정을 거치면 조금은 불완전하더라도 서서히 자전거를 몰 수 있게 된다.

영업의 배움이 이 자전거의 배움과 유사하다. 초면에 사람을 만나는 것이 두려울 수밖에 없다. 피할 수 없는 숙명이다. 계약 협상을 해야 하고 제품 설명을 해야 하는데 첫 마디 하기가 어렵다. 상대방을 기만하는 것 같은 자괴감이 몰려온다. 개성이 다 다른 사람을 그때마다 어디에 초점을 맞추어야 하는지 가늠이 안 된다. 이런 문제를 이론으로 풀어 간다는 것은 불가능한 일이다. 본인 스스로가 몸으로 부딪치며 몸이 기억하게 하는 것이 가장 빠른 습득의 방법이다. 이 사람이 이렇게 말하고 저 사람이 저렇게 말하는 대로 언제까지 휘둘릴 작성인가 말이다!

영업은 내가 나에게 가르침을 전하는 유일한 Self-study임을 기억하자!

샌님처럼 착해 보이는 소심한 성격의 사람이 보험영업에 뛰어들었다. 대학교 전공도 미학을 공부해서 험난한 보험영업으로 생활을 한다는 것이 어울릴 것 같지가 않았다. 개인적인 속사정을 알 수는 없었지만 어쩔 수 없는 선택으로 보였다. 나이도 또래 영업을 하는 친구들보다 서너 살 위였기에 일할 상황은 편안한 여건이 아니었다. 본인 나름대로 최선을 다하는 것이 주변 사람들에게도 보여지기 시작했다. 실적이야 하루아침에 이루어지는 것이 아니기에 시간이 지나야 풀릴 것으로 기대했다.

얼마나 버틸 수 있을까? 주변 동료들이 당사자보다 더 조바심이 났다. 영업현장에서 핀잔과 망신이 하루가 다르게 쌓여갔다. 내부적으로도 완곡한 표현이지만 그만 멈출 것을 권고받았다. 말수도 적어 무슨 생각을 하고 있는지 도통 가늠하기가 어려웠다. 1년 정도 시간이 지나면서 현장의 가르침이 가슴 속에 스며들기 시작했다. 핀잔과 망신을 주던 사람들이 계약자로 올라오기 시작했다. 놀라움을 지나 경이로움으로 다가왔다. 쓰라린 바닥의 경험이 서서히 내 것으로 되돌아오기 시작한 것이다. 타인의 영업경험을 배움으로 간직했다면 벌써 전에 업계를 떠날 수밖에 없었을 것이다. 영업을 하기 위해서 내게 진정으로 요구되는 것이 무엇인지를 스스로 알게 된 것이다.

내가 나를 가르친다는 것은 많은 고통과 인내를 필요로 한다. 영업에서 그 점은 최고조에 이른다. '영업을 하다 정신병자가 되었다'라는 이야기를 듣게 되었을 때 그 울림이 자신을 가르치는 채찍이 되었음을 알게 된 것이다. 누구에게서 배운 게 아닌 시장 속에서 본인에게 닥쳐온 현실을 이겨낸 자신이 자신에게 가르쳐 준 세상에서 하나밖에 없는 유니크한 배움을 간직하게 된 것이다.

인간의 능력에는 한계가 있다. 만물의 영장이지만 그렇다고 모든 일을 다 할 수 있는 능력은 없다. 이를 극복하기 위해서 간접경험을 많이들 이야기한다. 책을 많이 읽어보라고 이야기하는 것도 이에 해당한다. 물론 참고가 되는 이야기를 많이 접해보는 것도 도움이 되는 것은 틀림없다. 그 이전에 시간이 들더라도 내가 직접 할 수 있는 일이 있다면 먼저 실행해 보아야 한다. 그 실행이 성공으로 다가오든 실패로 끝장이 나든 그것은 별로 문제가 되지 않는다. 시간으로 살 수 없는 중요한 자산이 쌓이게 되는 것이다.

일본에서 청소년들에게 가장 인기 있는 패스트푸드점은 일본 맥도날드이다. 매장 내에서 시행되고 있는 영업 매뉴얼이 세간에 잘 알려져 있다. 햄버거 주문을 받으면 무조건 "감사합니다."라고 외치도록 한다. 3초 이내에 "콜라 드시겠습니까?"라고 물어보도록 훈련시킨다. 주문자 모두는 아니더라도 햄버거와 콜라를 동시에 주문받는 영업전략이 성공한 케이스다.

이보다 더 중요한 현장영업 시스템과 교육의 모델이 일본 맥도날드에 존재한다. 대표인 후지타텐 일본 맥도날드 창업주는 신규점포를 오픈할 때마다 매장에서 소비자와 함께 줄을 서서 주문을 하며 현장영업에서 필요한 부분을 직접 구상하게 된다. 수없이 햄버거를 직접 먹어보며 빵의 두께가 17mm가 가장 적당함을 확신하게 된다. 카운터에 서서 대금을 지급하게 될 때 높이가 72cm가 가장 편안하다고 판단하게 된다. 이 현장 경험이 영업교육 매뉴얼이 되었고 직원들에게 실질적인 산 교육으로 이어지게 된다.

신입 영업직원교육이 혹독하기로 알려진 기업이 있다. 사회에 첫발을 내딛는 신입직원들이 냉엄한 사회의 분위기에 잘 적응하도록 하기 위해서는 가혹할 정도로 현실감 있는 교육을 실행하는 것은 필요한 부분이다. 학교생활과 돈을 받고 프로로 일하는 조직생활과는 엄청난 차이가 있음을 알려주어야 한다. 이 기업은 그 강도가 지나칠 정도로 강렬해서 중도 이탈자가 많이 발생하고 있다. 그 효과는 현장 영업 활동에 지대한 영향을 미치고 있음이 영업실적으로 나타나고 있다.

이 과정에서 한 가지 간과한 면이 차츰 면적을 넓혀가고 있다. 단기 승부로는 더할 나위 없는 좋은 교육과정일 수는 있으나 스스로 살아나갈 수 있는 자력의 교육이 턱 없이 부족한 것이다. 영업은 한 번의 승부로 끝나는 것이 아닌 지속성장이 기반이 되어야 중도포기를 줄일 수 있다. 실제 조직의 기본 영업과정을 비딩으로 본인의 실길을 스스로 일구어낸 친구들이 일취월장하는 것은 우연한 일이 아니다. Desk에 앉아서는 이런 길을 절대 볼 수도 없고 찾을 수는 더더욱 없다.

산림학과를 졸업하고 국립산림과학원에서 일하던 여성 인재가 있었다. 국립산림과학원에는 전공을 살려 일하는 사람들이 대부분으로 자기 직무에 불만이 있는 사람은 거의 없었다. 산림청 소속 산림연구원으로 신분이 보장되는 안정된 직장이었다. 편안하게 일할 수 있는 분위기는 외부에서 볼 때 최상으로 보여졌다. 하지만 여성 인재는 생각이 달랐다. 편하게 시키는 대로 일하는 게 오히려 스트레스라는 마음이 강했다. 외부로 좌충우돌하며 도전할 수 있는 여건을 가지고 싶어 했다. 돌파구가 필요해졌다.

우연한 기회에 가구영업을 해 보지 않겠느냐는 제안을 받게 된다. 본인도 자기 전문분야를 살린 가구영업부문에 관심이 많았었다. 흔쾌히 받아들여서 교육과정을 이수하게 된다. Out-door 영업을 원했으나 단계를 밟아가기 위해 In-door 매장에서 일단 일하게 된다. 강력한 자기 동기부여가 있었기에 일에 대한 적응력은 빨랐다. Output을 만들어 내는 게 흥미로웠고 새로운 세상을 내가 열고 있다는 자부심도 생겼다. 신입 영업직무교육은 회사 연수원에서 받았지만 살아남기 위한 교육은 스스로 만들어 나갔다. 초보 영업인으로서 참고될 만한 선임자 롤 모델을 소개받았다. 능력을 인정받고 있는 선임자를 모방하는 것이 아닌 내 색깔 내기에 집중했다. 나만의 영업교육 틀이 잡혀가기 시작했다.

영업교육은 타인이 나를 가르치는 게 아님을 현장영업을 통해 확신을 가지게 되었다. 내가 나를 가르치는 투박한 실행이 영업의 자신감을 불러일으키고 있었다. 영업의 모든 결정은 내가 내리고 내가 책임져야 함도 Self 교육을 통해 분명하게 인지되었다.

학교를 졸업하자마자 증권영업에 뛰어들어 금융영업의 한 획을 그은 J씨의 이야기는 전설 그 자체로 회자되고 있다. 신입직원 시절부터 도전적인 영업으로 문제를 일으키기 시작했다. 분산투자가 아닌 All-in전략으로 한 순간에 나락으로 떨어지는 상황이 전개됐다. 삼세번의 원칙에 따라 마지막 문제가 불거졌을 때 정면돌파를 시도했다. 신입 펀드매니저로서 전임자들의 영업방식보다는 본인의 감각을 믿었다. 정통적으로 가르치고 배우고, 시장에 만연된 영업전략으로는 해결될 수가 없었다. 스스로 다짐하고 독학으로 세운 본인만의 새로운 영업 트렌드를 실천하기 시작했다. 자기 자신에게 혹독하게 가르쳤던 부분이 현실화되기 시작했다.

시장에서는 이단아로 취급되었지만 그것이 살길이었고 새로운 전설의 주인공으로 남게 되었다. 지금은 불법으로 규정되었지만 당시 업계 최초로 주문을 넣다 빼는 작업을 시도하는 자신만의 영업 노하우를 실천에 옮겼다. 일명 허수주문이었다. 누가 가르쳐 준 것이 아닌 스스로 깨우친 방법이었다. 누군가 가르쳐 준 방법이었더라면 시작하기도 전에 자멸의 고통에 빠졌을 수도 있었다.

영업은 가르쳐 줄 것이 없다.

영업은 가르쳐 줄 것이 없어야 한다.

영업은 배우려 하지 말아야 한다.

영업은 배우려 한 이유가 없다.

당신 스스로 본인에게 교육시켰던 내용이 지금 당신이 하고 있는 영업의 전부일 것이다!

빛이 안 나고 있다면 시간이 조금 걸릴 뿐이다!

영업은 Study로 이루어지는 일이 아니다.

영업은 세상을 향해 절박감을 던지며 내가 몸부림 치는 Survival Game 이다.

생존게임은 배워서 될 일이 아니다!

내가 무조건 살아남아야 하는 오징어 게임이다!

✍ 1분 리뷰

: 영업에 대한 절박감을 세상에 펼쳐보이는 자신감을 제시해 보라!

저자소개

서시영

경희대학교 영문과 졸업.
고려대학교 경영대학원 마케팅 석사수료.
한국생산성본부 영업마케팅 전임교수.
한국취업컨설턴트협회 공동대표.
한국고객서비스협회 회장.
현 고려대학교 세종캠퍼스 HRD사업단 마케팅 교수.

효성그룹, 한화그룹, LG그룹 등 사회생활의 반을 대기업 속에서 지내며 항상 혁신으로
조직과 맞서왔던 인물이다. 외롭고 힘든 싸움을 전개하며 많은 것을 잃었지만 어려운
여정을 통해 또 새롭게 많은 것을 얻게 되었다. 사회생활 나머지 반을 중소기업 창업과
경영 그리고 강의에 전력을 다하고 있다.

우리나라 기업교육의 산실인 한국생산성본부 등에서 10여 년 동안 영업마케팅 분야에
5,500시간 강의와 연간 200개 이상의 기업과 마주했고, 대학 강의도 비슷한 기간 동안
3,000시간 강의로 많은 젊은 청춘과 만나왔다. 현장 속에서 부딪치며 마주하게 된 영
업, 마케팅 부문과 휴머니즘 관련 굴곡진 내용들이 제대로 자리를 잡지 못하는 안타까운
상황을 직시하게 되었다. 이 상황을 더 이상 묵과해서는 안 되는 순간이 다가왔고 누군
가 해결의 칼을 뽑는다면 본인이 나서야 한다는 심정으로 세상에 도전의 깃발을 들었다.
피할 수 없는 도전은 정면 대응이 가장 실질적인 방편임을 세상에 고하게 되었다.

영업 날로 회쳐먹기

초판발행	2024년 7월 17일
지은이	서시영
펴낸이	안종만 · 안상준
편 집	탁종민
기획/마케팅	정연환
표지디자인	권아린
제 작	고철민 · 김원표
펴낸곳	(주)**박영사**
	서울특별시 금천구 가산디지털2로 53, 210호(가산동, 한라시그마밸리)
	등록 1959. 3. 11. 제300-1959-1호(倫)
전 화	02)733-6771
f a x	02)736-4818
e-mail	pys@pybook.co.kr
homepage	www.pybook.co.kr
ISBN	979-11-303-2049-6 93320

정 가 22,000원